# 公路桥梁设计与施工

王　媛　刘国伟　龙福中　主编

吉林科学技术出版社

图书在版编目（CIP）数据

公路桥梁设计与施工 / 王媛，刘国伟，龙福中主编
. -- 长春：吉林科学技术出版社，2020.10
ISBN 978-7-5578-7762-0

Ⅰ．①公… Ⅱ．①王…②刘…③龙… Ⅲ．①公路桥
—桥梁设计②公路桥—桥梁施工 Ⅳ．①U448.142.5

中国版本图书馆 CIP 数据核字（2020）第 199783 号

## 公路桥梁设计与施工

| | |
|---|---|
| 主　　编 | 王　媛　　刘国伟　　龙福中 |
| 出 版 人 | 宛　霞 |
| 责任编辑 | 李思言 |
| 封面设计 | 李　宝 |
| 制　　版 | 宝莲洪图 |
| 幅面尺寸 | 185mm×260mm |
| 开　　本 | 16 |
| 字　　数 | 220 千字 |
| 印　　张 | 10 |
| 版　　次 | 2020 年 10 月第 1 版 |
| 印　　次 | 2020 年 10 月第 1 次印刷 |
| 出　　版 | 吉林科学技术出版社 |
| 发　　行 | 吉林科学技术出版社 |
| 地　　址 | 长春净月高新区福祉大路 5788 号出版大厦 A 座 |
| 邮　　编 | 130118 |

发行部电话 / 传真　0431—81629529　　81629530　　81629531
　　　　　　　　　　81629532　　81629533　　81629534

储运部电话　0431—86059116

编辑部电话　0431—81629520

| | |
|---|---|
| 印　　刷 | 北京宝莲鸿图科技有限公司 |
| 书　　号 | ISBN 978-7-5578-7762-0 |
| 定　　价 | 75.00 元 |

# 前　言

近年来，尽管公路桥梁设计水平有了很大的提升，而且能够更好的解决桥梁在设计及施工过程中存在的问题，但随着公路桥梁施工要求明显提高，要想保证桥梁运行安全性、可靠性的明显提升，从而促进公路桥梁项目朝着更加长远的方向发展，设计人员就应做好各个阶段的设计工作，严格检查设计要点，不断优化设计结构，以便优化施工流程及施工方案。在科技飞速发展的大环境下，建筑企业的施工技术也取得了相应的进步，公路桥梁工程项目逐渐增多，且结构形式变得越来越复杂。在公路桥梁设计和施工过程中，有效地分析桥梁设计要点，不断优化桥梁设计措施，对确保施工过程安全、顺利开展具有积极作用。为此，本书重点从公路桥梁设计及施工注意事项等方面作如下分析，以期在提升公路桥梁设计水平的基础上，确保施工质量。

公路桥梁设计过程中，原始资料的收集极为重要。它包括现场定线和桥位方案，而地勘部门需根据桥位方案来定钻孔位。在地勘资料出来后，设计部门才根据地勘资料进行桥梁基础的设计与验算。但地勘不能对所有基础地质进行钻探，所以在施工单位基础挖到设计标高后，设计和地勘部门需对实地基础进行查看，确定是否可以下基或超深基础，增加嵌入等。这就是我们常说的设计后期服务的重要一项，另外后期服务还包括第一次工地列会的技术交底、桥梁重要结构施工方案的审查和现场指导、施工完成后的验收等。

综上阐述，随着国内交通事业不断发展，在很大程度上推动着公路桥梁项目的进一步发展，因此，桥梁设计人员如何在充分满足公路桥梁结构需求的条件下，合理化、规范化、科学化的设计公路桥梁，已成为当前公路桥梁设计、施工的核心内容。通过以上分析当前公里桥梁设计要点及施工优化措施，对之后同行进行公路桥梁设计及施工可提供更加可靠的参考资料。

# 目录

第一章　道路与桥梁的施工 ································ 1

　第一节　道路与桥梁的施工技术 ····················· 1

　第二节　道路桥梁的施工和加固 ····················· 3

　第三节　道路桥梁路基处理技术 ····················· 6

　第四节　道路桥梁病害与防护 ······················· 8

　第五节　道路桥梁混凝土施工技术 ··················· 11

　第六节　道路桥梁隧道施工难点与技术 ··············· 13

　第七节　市政道路桥梁主要建设技术 ················· 17

第二章　公路工程招投标研究 ························· 20

　第一节　高速公路工程招投标浅析 ··················· 20

　第二节　公路工程招投标与合同管理 ················· 25

　第三节　公路工程招投标阶段的造价管理 ············· 27

　第四节　交通公路工程招投标 ······················· 30

　第五节　公路工程招投标工作的关键环节 ············· 32

　第六节　公路工程招投标工作的法律法规 ············· 34

　第七节　公路工程招投标阶段的风险分析与管理 ······· 36

　第八节　合理低价法在公路工程招投标中的应用 ······· 40

第三章　公路工程施工项目管理 ····················· 44

　第一节　公路工程施工项目的精细化管理 ············· 44

　第二节　公路工程施工质量控制及管理 ··············· 46

　第三节　交通工程施工管理与质量控制 ··············· 48

第三节　CM 模式在中国公路工程项目管理中的应用 ……………50

第四节　工程管理系统思维与工程全寿命期管理 ……………52

第五节　公路系统人力资源管理信息化思路 ………………54

## 第四章　路桥建设及养护管理 ……………57

第一节　路桥施工管理创新技术 …………………57

第二节　省道路面施工管理措施 …………………59

第三节　路桥建设及养护管理分析 ………………61

第四节　道路桥梁建设施工现场管理 ……………63

第五节　公路桥梁工程造价管理与控制 …………64

第六节　路桥工程机械设备的选用与经济化管理 ………65

## 第五章　信息时代的高速公路施工管理 …………68

第一节　高速公路桥梁工程施工管理的必要性 …………68

第二节　高速公路隧道工程施工质量控制 ………69

第三节　信息时代的高速公路机电工程施工监理 ………70

## 第六章　公路桥梁设计理论研究 ……………72

第一节　现代公路桥梁设计的创新理念 …………72

第二节　山区高速公路桥梁设计特点与方法 ……75

第三节　公路桥梁设计中的新理念与实践 ………78

第四节　公路桥梁设计中的耐久性分析 …………80

第五节　公路桥梁设计关键技术及解决措施 ……82

第六节　跨越公路的桥梁设计分析 ………………85

第七节　提高公路桥梁设计安全性 ………………87

## 第七章　公路桥梁施工技术 …………………91

第一节　公路桥梁施工技术的不足与改进 ………91

第二节　公路桥梁路面工程的施工技术 …………94

第三节　公路桥梁的施工及处理透析 ……………96

第四节　公路桥梁施工安全问题 ………………………………… 98

第五节　公路桥梁施工技术质量的加强 …………………………… 100

第六节　软路基的公路桥梁施工 …………………………………… 103

第七节　公路桥梁施工中悬臂挂篮技术 …………………………… 105

第八节　公路桥梁施工混凝土裂缝防治探讨 ……………………… 108

第九节　公路桥梁设计和施工的注意事项 ………………………… 110

第八章　公路桥梁施工管理研究 …………………………………… 113

第一节　公路桥梁施工的综合管理 ………………………………… 113

第二节　公路桥梁施工管理及质量控制 …………………………… 116

第三节　公路桥梁施工管理及其养护加固 ………………………… 119

第四节　公路桥梁施工管理的要点与对策 ………………………… 122

第五节　公路桥梁施工管理、养护及加固维修 …………………… 125

第九章　公路桥梁施工研究 ………………………………………… 128

第一节　提高公路桥梁的施工质量 ………………………………… 128

第二节　公路桥梁施工中需要注意的问题 ………………………… 130

第三节　公路桥梁施工技术的重点 ………………………………… 132

第四节　公路桥梁施工监理的初步探讨 …………………………… 134

第五节　高速公路桥梁施工技术及质量控制 ……………………… 136

第六节　公路桥梁台背回填施工技术及管理 ……………………… 139

第七节　公路路基与桥梁过度施工技术 …………………………… 141

第八节　软土地基公路桥梁的施工问题与处理方法 ……………… 144

第九节　公路桥梁工程桥梁软土地基施工处理方法 ……………… 146

参考文献 ……………………………………………………………… 150

# 第一章 道路与桥梁的施工

## 第一节 道路与桥梁的施工技术

现阶段，我国道路桥梁的建设数量有所增加，在道路桥梁建设的施工过程中，施工技术是直接影响着工程质量的，因此，只有不断改进和更新施工技术，才能够推动我国道路桥梁建设工程更好的发展。目前，虽然我国的道路桥梁施工技术已相对比较成熟，但是还存在着一些问题需要进一步完善，例如，钢筋混凝土施工技术等。只有妥善解决这些问题，才能使我国的道路桥梁施工事业有更好的发展。

### 一、道路桥梁施工技术概述

当前我国的工业化有了较大的提升，人们对于道路和桥梁也提出了更高的要求，这些基础因素是促进我国道路桥梁建设与发展的强大动力。进入到 21 世纪后，我国的道路桥梁建设取得了非常明显的进步，在世界范围内都有了较大的影响力，技术水平已经达到了世界先进水平。从工程施工技术方面来进行分析，钢筋与混凝土施工是整个工程的关键环节，也是重要的承载部分，经过分析，该部分施工主要包含有混凝土施工技术、稳定连接技术以及预应力工程技术等等方面。科学技术的快速发展，各个领域都取得了较快的进步，桥梁工程技术也有了较大的提升，可以促进工程质量的提升。

### 二、道路桥梁工程中的常见病害问题

#### （一）路面和桥面裂缝

道路和桥梁工程在长期使用中容易受到高温和高负荷的作用,因此容易发生损坏现象。在道路和桥梁工程的实际施工中，一般采用半刚性材料来完成路面及桥梁表面的施工。这将大大提高路面层的强度和承载力，但这种结构适应温度变化的能力较差，在恶劣环境下容易出现裂缝。尤其是中国北方的温度相对较低，因此在路面铺装阶段很容易产生裂缝。此外，北部地区早晚的温差也使得该地区的抗压强度不断降低，路面的刚性也会变低，因此在长期使用过程中容易产生裂缝，甚至在严重情况下会发生坍塌。此外，路面和桥面板

上长期受到荷载作用也会产生裂缝，因为在行驶过程中车辆将难免会有过载或制动的情况，这将导致路面受到严重挤压和磨损。在这种长期恶劣的工作条件下，路面和桥面肯定会产生裂缝，这将危及道路和桥梁工程的整体质量。

### （二）钢筋易腐蚀

道路桥梁工程施工过程中，钢筋可以说是支撑整个工程的基础构件，如果钢筋出现腐蚀情况，不但会降低道路桥梁工程使用寿命，还会对人们安全出行带来不利影响。根据相关调查了解到，导致道路桥梁钢筋出现腐蚀现象的影响因素包含众多，如施工材料质量不达标、施工工序出现失误及外界环境影响等，因此要求工作人员做好道路桥梁工程的施工技术质量把控工作。

## 三、我国道路桥梁施工技术

新型地基加固技术的实施应用。地基加固是道路桥梁工程施工的基础，它直接影响着道路桥梁的稳固性，如果不能确保此环节的施工质量，那么整个道路桥梁的施工质量也就得不到保证，甚至在使用过程中会影响到人们的生命财产安全。因此，施工过程中地基加固的环节都被施工人员格外重视。现阶段，新型的地基加固施工技术已经被广泛地应用到我国道路桥梁的施工过程中，其中，复合地基加固技术通过实践应用，效果较为显著。影响地基加固施工质量的主要因素有：土质、工艺条件以及施工材料等。复合地基加固技术对土质、工艺条件以及施工材料等因素进行了合理的整合，因此，其应用效果显著。按照复合地基加固技术的种类划分，主要分为石灰桩和搅拌桩。

道路桥梁混凝土施工技术。具体可就以下两点步骤展开详细介绍：第一，混凝土搅拌。是为保证钢纤维混凝土在混凝土基体中始终保持均匀分布状态的一种手段。因此在进行钢纤维混凝土施工时应尽可能采取机械搅拌方式，选择强制式搅拌机设备，要求材料投放要严格按照标准顺序进行，即水泥——粗集料——钢纤维等，其中钢纤维需分二次投入，在搅拌均匀后添加适量水，搅拌时间需控制在 2 到 3 分钟内。第二，浇筑振捣不间断。为做好钢纤维的二维布置工作，工作人员需选用平板振动设备，但如果使用的是振捣棒则要确保钢纤维呈现出竖直条状排列状态，只有这样才能保证钢纤维混凝土的密实性，进一步提升道路桥梁工程收缩应力。

锚喷施工技术应用。施工处理技术普遍应用于修复桥头的破坏。锚喷技术的凝结速度相对较快，且稳定性能较高，它对桥头损伤问题的处理有积极的影响，也可以合理地应用在锚喷施工技术。合理应用设备的超强喷射力，同时喷涂定量硅胶材料并与裂缝位置相匹配。在模板的加固作用下，可以看出硅胶材料的强度、硬度和柔韧性都有显著的优点，在道路桥梁模板的作用下，可以很好地提高实际的连接效果。

## 四、道路桥梁施工技术的发展方向

施工技术的智能化。随着社会的发展，人们的日常生活与道路桥梁的关系也越来越紧密，道路桥梁的建设是否更加的便捷与安全，也是人们关注的主要问题之一。然而，只是单纯地依靠人工建设并不能满足当下人们对道路桥梁的便捷性要求，所以，应当将一些高端的技术手段应用到道路桥梁的建设中来。例如，可以在桥梁的内部设立通信系统与安全防范系统，以此来对道路桥梁施工状态进行实时监管。路桥施工技术的智能化系统的安全性与准确性是非常高的，可以准确地反映出路桥施工的真实情况，所以，道路桥梁施工技术未来也一定会朝着智能化的方向发展。

施工技术节能化。节能是我国近年来实现可持续发展的主要方式，也是重点影响因素，必须要从工程材料、技术以及施工工艺方面进行改善和提升。道路桥梁的设计与施工都要符合节能的基本要求，从各个主要影响方面出发，提高工程技术水平，合理的应用先进的施工技术，还应该加强施工现场的管理，确保该技术全面的发展和进步。

综上可知，我国的道路桥梁建设虽然在发展过程中取得了一定的成果，但施工技术相对一些发达国家而言，还比较滞后，我国的道路桥梁建设想要取得更好的发展，必须朝着节能化、智能化的方向发展，不断优化施工技术。目前，我国道路桥梁施工技术的节能化水平和智能化水平并不是很高，所以，在未来我国道路桥梁智能化与节能化的发展空间还是非常大的。实现道路桥梁发展的节能化与智能化，对我国的社会经济发展也会起到至关重要的作用。

# 第二节　道路桥梁的施工和加固

首先介绍了交通道路桥梁的施工存在的问题，如交通道路桥梁施工的监督不完善、后期无人养护的问题、路基填筑施工技术等。重点探讨了交通道路桥梁加固的技术措施，包括交通道路桥梁上部结构的加固技术、加固桥墩裂缝、桥面铺装病害的加固技术等。结论证实，控制每个施工阶段的建设，做到有效地细化责任目标，明确负责任的主体，确保整个建设项目的安全和后续作业的平稳进行具有非常重要的意义。

交通道路桥梁工程是集设计、施工和工程管理为一体的具有较强实用性的工程。工程质量的好坏主要与施工材料、温度、结构等有关，想要解决这一质量通病，必须要针对其成因采取有效的防范措施，提高我国道路桥梁工程的完工质量，让车辆能够安全行驶，保障城市之间经济交通的畅通。

# 一、交通道路桥梁的施工存在的问题

交通道路桥梁施工的监督不完善。监督不完善，质量不过关的情况时有发生。为了确保交通道路桥梁建造的质量过关，我国在交通道路桥梁施工时会成立联合督导小组，监督道路施工情况。然而，一些地方难免会出现监督监管人员和施工方相互勾结，串通一气的现象。施工方为了减少修路成本，采取偷工减料、缩短工期，使用劣质建筑材料修路，这样的道路在质量上不过关，但是由于监管部门视而不见，所以在道路使用后就容易出现塌陷、断裂、被雨水冲毁的现象。

后期无人养护的问题。超重车辆碾压对于道路桥梁的压力很大，即便是质量再好的道路桥梁，如果后期没有得到很好的养护，那么道路桥梁的使用寿命也会大打折扣。所以不仅要把道路桥梁修好，后期道路的养护也很重要，道路桥梁出现需要修补或是问题要及时解决，这样才能避免更加严重后果的出现。一般情况下，道路桥梁走小轿车、公交车是没问题的，但是如果是超重量的大卡车、拉货车，车辆会对道路桥梁造成很大的破坏，即便是再好再结实的道路桥梁也会很快坏掉，变得坑洼不平，给人们出行带来很大不便。

交通道路桥梁过渡段的施工技术。对于交通道路桥梁过渡区的建设，首先要选择填料做更好的选择，在道路桥梁开始建设之前，就应该对所选择的各种填料进行一定的试验，从而确保道路桥梁的建设选择是最佳的填料。道路桥梁过渡区建设选择填料的主要指标是材料的液限和塑性。根据压实试验进行摊铺厚度关系的分析，这样就可以得到各种填料在交通道路桥梁过渡区建设上的技术指标，就可以选择最合适的填料来进行交通道路桥梁过渡区的施工。使用局部填料时，一定要保证填料的透气性好。在确定填充施工时，按照设计的填充，在分层填筑施工中，每层压实厚度不应大于5cm。由于滚筒用于土壤压实，在保证平台的前提下，必须保证填料的压实度可以达到工程标准。

路基填筑施工技术。因为每种交通道路桥梁路基填料的生产标准是不同的，这就导致每一批的路基填料使用性能会在工程当中有较大的差异，而在这种形势下，必须对路基的设计严格考虑，在交通道路桥梁路基填料施工的具体过程中根据路基填料的实际表现进行选择。填料的充水性直接影响到压实路基的效果，必须要调整路基填料的含水量，让它能达到最好的路基压实效果。

# 二、交通道路桥梁加固的技术措施

交通道路桥梁上部结构的加固技术。对交通道路桥梁上部结构病害的加固方法主要是两种类型：第一是对节点转换必须干燥，然后用钢膜片规格焊接和断筋同时，还需要增加钢筋隔膜边缘的数量，这些任务完成后再进行混凝土浇筑；第二是在交通道路桥梁T梁隔板的下缘进行打孔，然后用螺纹钢筋穿过孔洞达到钢垫板的效果，然后对横隔板施加预应力。交通道路桥梁上部结构的加固应通过锚具进行。在正常的情况下，可以使用环氧砂浆或聚合物砂浆作为交通道路桥梁上部结构的防腐材料。如果上部结构的板梁铰节点损坏或单梁承重现象，必须在混凝土铰缝上进行清理，然后在类似的钢板中使用，并与铰缝连接在钢筋混凝土中进行浇筑施工。

交通道路桥梁加固桥墩裂缝。交通道路桥梁桥墩裂缝现象是一种常见的病害现象，在发现病害后，第一步是对交通道路桥梁桥墩的裂缝进行密封处理。如果裂缝是由荷载力过大造成的需要在桥下加钢，但实际上有很多的交通道路桥梁并不能满足桥下加钢的附加条件，这时候需要用钢板和钢筋砂浆锚固钳打桥墩。这是由于路基沉降不均匀造成的，因此有必要对小范围地方进行砂浆灌注。除了钢筋或钢筋混凝土墩箍加固位置。钢筋混凝土薄壁桥墩在垂直裂缝的混凝土强度都应进行测试，如果混凝土强度大于 C25，可采用粘贴钢板加固桥墩的方法，如果混凝土强度达不到 C25，就采用扩大桥梁的处理技术。在此期间必须添加额外的钢，对桥墩的荷载进行分流。

交通道路桥梁桥面铺装病害的加固技术。交通道路桥梁路面与桥面铺装病害风险。在这种情况下，交通道路桥梁应采取局部修补路面和桥梁养护的方式，保证经济维护。如果路面层的破坏更严重，必须对原有的路面层进行清理和切断，并对防水水泥混凝土路面进行增稠处理。如桥梁病害，应铺设双层钢网，并增设防水层。在施工前要进行防水层凿为了使粗集料水泥混凝土，清理后使用 4-5cm 厚的改性沥青混凝土进行铺装。

混凝土的施工技术。当前，我国大部分交通道路桥梁建设是混凝土作为主要材料，混凝土在施工过程中的主要方案是混凝土的搅拌、浇筑和振动。应采用钢纤维混凝土在道路桥梁施工中，混凝土时应注意原料混合的顺序，首先对水泥搅拌后投入粗骨料、钢纤维混凝土和湿拌成的先进行干拌，搅拌采用强制搅拌机应保证混凝土的均匀性以及没有成组现象出现。在振动中应使用板振子，浇筑混凝土的尺寸和钢模板之前必须仔细检查埋入构件的位置，还要检查模板表面的清洁润滑、模板的密封性。浇筑方法可分为：一个浇筑、分两层浇筑。具体的施工方法直接影响混凝土稳定的密度，这是关系质量的关键因素，因此必须根据具体的系统容量、密度和稳定性，同时输送距离、输送速度、温度以及振动速度等基本因素，要对混凝土浇筑过程精心安排。

交通道路桥梁的粘钢加固技术。所谓粘钢加固法，是指在交通道路桥梁钢筋混凝土结构构件承载力一定的钢板表面。该方法可保护原混凝土构件，施工工艺简单，工作荷载小，设计计算简单，结构计算简单。然而在实际施工过程中，钢板的重量过大，操作受限。固化剂固化后，脆性明显，结料耐久性难以保证。此外，钢和橡胶界面有一些潜在的腐蚀。

交通道路桥梁的锚喷加固技术、随着喷气混凝土机和加速器的发展，喷射混凝土、螺栓、钢丝网一起，推动锚固技术的完善。实践证明，锚注技术可以应用于桥梁上部结构的加固。硅喷混凝土材料在材料和结构上与普通铸造相比具有许多优点。交通道路桥梁施工时应添加到加速器，因为其具有强度高、快凝早的特点；锚喷技术不使用或使用侧模板、运输、浇捣合并成一个程序，因为其设备简单，占地面积小，机械化施工，速度快、效率高、省力程度高；可设计强，这与加固的实际根据需要可以喷在各类结构下形成的拱，施工中不中断交通。

只有重视了交通道路桥梁建设项目施工过程中的施工技术，才能在使建设项目工程能够较快完工，减少民众时间上的浪费以及政府的财务支出。

# 第三节　道路桥梁路基处理技术

以提高道路桥梁路基稳定性为目标，重点分析处理技术的应用。介绍路基处理技术类型，阐述应用过程中需要注意的问题，最后则分析技术在路基排水、路基养护、软土路基处理这三个环节的应用，加强路基强度，同时也体现出道路桥梁路基处理技术的重要作用。

道路桥梁工程施工期间，路基是其中的重要组成，路基施工质量直接决定了道路桥梁工程的最终效果。路基在道路桥梁工程中的作用是承载路面车辆给予的压力，若存在质量问题，会威胁到路面行车安全。受经济建设影响，交通行业面临更加严苛的要求，尤其是道桥交通安全方面。为了保证施工质量，路基处理技术的应用非常重要。

## 一、路基处理技术种类

路基填筑技术。正式开始路基填筑施工前，工作人员要全面清理路基施工现场，清理的重点包括影响工程与路基质量的杂物、施工垃圾等。一般组织道路桥梁路基部分的施工时，有时可能会出现施工现场环境控制不到位的现象。所以，施工现场清理的过程中，如果出现坑洞，必须要及时处理。后续施工环节，因为填筑路基材料质量与工程整体质量有紧密的联系，所以需要加大控制力度，根据施工现场土质情况、地理环境等诸多因素，做出最佳选择。实际组织道路桥梁路基施工，为了保证填筑效果，可以选择分层次填筑这种方法。填筑过程中根据施工图纸要求与工具性能控制分层厚度。道路桥梁施工期间压实路基、密实程度都是分层填筑作业必须要注意的要点，填筑方式的选择要以现场施工现状为依据，必须要保证填筑方式与路基情况相符，提高施工质量。

路基压实技术。组织道路桥梁路基施工期间，必须要保证加固性与稳定性，其中最为常见的影响因素即压实路基环节。现场压实作业难免会面临人为因素、地理环境带来的影响，这两点也是需要着重关注的问题，主要原因在于道路桥梁压实效果面临诸多影响因素。路基压实过程中，需要充分考虑现场的土壤质量、路基湿度，提前制定相关问题的解决方案，压实施工环节用到的压实工具、工程土壤分层厚度必须要统一。

道路桥梁路基压实这一项作业，路基土质、含水量也是工作人员分析的要点，同时要选择质量高、性能佳的压实设备，确保土层厚度能够接受逐层压实。具体组织施工，必须要设置指导监督人员，工作过程中发现的影响道路桥梁质量、密实性的问题要及时提出，提高路基质量的同时，也能够延长道路桥梁项目的使用期限。

基层构筑技术。道路桥梁工程施工期间，一般会在基层位置铺设石料与石灰土，以此来保证路基部位的稳定性，也为之后环节的施工做好准备。然而作业过程中有时会出现一些问题，比较常见的有材料配比、搅拌不均匀。这就需要工作人员深入分析问题，通过现场情况的综合考量提出有效的解决方法，规避材料带来的恶劣影响，提高道路桥梁工程的坚固性。

## 二、道路桥梁路基处理的要点

路基填土和压实环节是道路桥梁路基施工中的关键内容，与工程质量有非常密切的关系。实际施工期间道路工程路基填土所使用的技术、材料要求非常严格。特别是道路桥梁工程，路基填土、压实技术是后续环节的基础与前提，也是所有流程中非常重要的一步。因为路基填土、压实决定路基是否稳定，所以关于路基填土与压实在路基处理中的应用，需要注意以下几点：①选择符合路基填土要求的原材料。道路桥梁所使用的路基填料必须要按照标准要求进行选择，一般路基填土有路床、路堤填土两种，桥梁基础中桥梁台背填土是其中最为关键的一种。施工期间如果没有严格参照现有规定组织施工或者选择原材料，便会导致桥头跳车等问题，严重影响道路桥梁的正常使用；②道路路基压实环节，需要选择吨位较大的压路机，以此控制路基的压实度。具体在路基施工过程中，对于现场的各个施工路段要选择不同的路基处理技术。

## 三、道路桥梁路基处理技术应用

应用于路基排水环节。道路桥梁路基稳定性的一项重要影响因素便是水，若路基含水量较大，不仅会降低道路桥梁强度，还会缩短其使用期限，不利于后期投入使用。因此，道路桥梁施工期间，路基处理技术可以在排水环节应用。作为决定道路桥梁质量的重要环节，排水工作非常关键，具体在组织路基施工期间做好排水工作，能够有效规避水对于道路桥梁路基带来的破坏，保证路基质量。鉴于此，道路桥梁路基排水处理，需要从地面排水着手展开，这是道路桥梁路基施工的一个重点。施工人员需要分析地面排水的基本情况，制定施工质量管理方案，针对地面排水中存在的质量问题需要及时解决。另外在地下排水中，道路桥梁工程更多采用暗沟排水、盲沟排水等几种形式。那么在施工期间，施工单位则要按照施工具体需求选择最为适合的排水方式，可以最大限度地避免排水环节出现质量问题。对于路基排水而言，其作用是规避雨水对于土壤的侵蚀，这就需要施工人员加强重视，综合考虑道路桥梁工程所在地理环境，确定水系流向、强度与引流方式，将工程的含水量控制在要求范围以内。

应用于路基养护环节。路基养护的主要目的是提高道路桥梁路基的质量与稳定性，保证后续施工的正常进行。道路路基养护技术的使用，主要体现在冲刷防护、坡面防护这两点。由于路基在施工过程中暴露在外，外界环境很容易对其造成影响，导致路基破坏，降低路基强度，影响稳定性。因此，路基施工时，施工单位务必要加强路基养护力度，安排专门的负责人，定期检查路基情况，落实养护工作。同时，如今，道路桥梁施工效率不断提升，坡面养护得到相关人员的重视，为了保证道路桥梁质量，必须要深入展开路基坡面防护，结合施工现场路基的基本情况选择合适的养护措施，比较常见的有种草防护、砌石防护两种。

应用于软土路基处理环节。针对道路桥梁路基处理技术的应用，软土路基处理也比较重要。现场施工人员对于软土路基技术的操作水平，决定着道路桥梁路基的强度以及使用期限。①灰土挤密桩的应用。如果路基含水量过大或过小，可以选择灰土挤密桩。施工期间软土层含水量大，建议添加石灰粉，若是软土层含水量较小，要在软土层内部增加水，使灰土挤密桩性能发挥到最大；②道路桥梁路基当中应用轻质材料，有利于提高路基强度，确保道路桥梁工程的有效应用。为了保证各个材料比例控制到最佳，可以组织重型击实试验，最终得出的最大干容量控制在 9-12kN/m³ 之间，粉煤灰可塑性能差，黏性不足。如果液限为 65% 左右，且最佳含水量在 37%-41% 区间，证明其压实效果达到最佳。当试验结束之后，采用粗粒土将路床顶面封闭处理，厚度控制在 0.3-0.5m 区间为最佳。

综上所述，道路桥梁路基处理技术的应用，一方面有利于提高路基稳定性与强度，延长工程的使用期限，另一方面则能够完善道路桥梁工程路基施工方案，积累丰富的施工经验，解决路基施工中的常见质量问题，通过先进技术的应用提升道路桥梁工程质量，保障安全出行，也为相关工程的施工与管理工作提供参考。

# 第四节　道路桥梁病害与防护

道路桥梁建设作为公路建设发展的重要组成部分，路桥质量安全成为人们关注的焦点，关系着人们的出行安全，而桥梁质量问题却层出不穷，道路桥梁安全生产亟待解决，本节就道路桥梁病害与防护做简要概述。

随着我国经济建设的不断发展，经济生活水平的日渐提高，城市化建设的突飞猛进，人们开始追求高品质生活的同时，旅游、出行已成为民众日常生活中不可缺少的一部分，道路桥梁建设显得尤为重要。然而，我国的道路桥梁建设管理中却存在着一些不尽人意之处，需要道路桥梁建设及相关职能部门人员共同努力，不断完善桥梁建设管理工作，为人们更好的出行保驾护航。

## 一、道路桥梁的常见病害

我国是一个土地资源使用大国，人口众多，道路桥梁是广大民众出行的重要媒介，而今诸多道路桥梁问题一直困扰着人们，下面简要介绍道路桥梁主要存在的一些问题。

道路桥梁裂缝问题。道路桥梁裂缝问题是当今桥梁建筑中最为常见的一种桥梁病害现象，是一项亟待解决的桥梁建筑安全质量问题。桥梁裂缝形成原因有多种，如建筑材料选择不当、建设初期设计不合理、桥梁承重力负荷、施工单位施工技术不专业、自然因素等原因。裂缝一旦形成会影响桥梁的安全使用性能，就道路桥梁裂缝程度而言，轻度的裂缝会影响到建筑物的美观度、乘车出行的舒适度，重度的裂缝会影响人们行车安全，无论是轻度还是重度的裂缝问题如果不及时加以补救，长此以往给人们的安全出行带来一定的安全危害。

道路桥梁路基沉降。道路桥梁建设对地质、地貌要求很高。施工单位在选择某些地质条件较为不稳定的地质情况下施工建筑道路桥梁，若没有对地质条件进行仔细勘察，道路桥梁实际承载重量超出了地质本身所能承受的极限压力，会使地基出现不规则的沉降现象，道路桥梁也随之发生沉降，引发桥体断面、裂缝、变形等现象发生，降低了桥梁的安全使用性能，对人身安全带来潜在的安全隐患。

混凝土碳化。建筑混凝土是一种复合型材料，主要成分为水泥、砂（细骨料）、石子（粗骨料）、矿物质合料、外加剂等，其中含有氧化钙、二氧化硅、三氧化二铝等化学物质，当这些化学成分遇到空气中的二氧化碳或者在酸性条件下发生化学反应，导致道路桥梁的混凝土碳化，混凝土碳化后，使道路桥梁的硬度与承重能力降低，长期处于碳化环境下，加之车辆的不断碾压，桥体会出现混凝土剥离、脱落等现象，严重缩短了道路桥梁的使用期限，破坏了桥梁的安全性能。

剥蚀及钢筋锈腐。剥蚀作用就是指物质在受到其他介质的作用下，使其脱离了它原本的位置。剥蚀作用使得道路桥梁的外观发生破坏性变化，如桥体混凝土发生脱落、钢筋外露、桥面起皮、坑洼状路面等，当道路桥面发生剥蚀后，雨水、空气中的氧气、二氧化碳等物质从剥离后的混凝土缝隙中侵蚀桥体，使得支撑桥体的钢筋锈化、腐蚀、变形等，而钢筋生锈后，它的抗压能力、柔韧度减弱，使桥梁承重能力降低，重物压制下导致桥体表面出现裂缝，加之钢筋生锈、腐蚀后，表面会产生化学反应产生物，多呈现褐色，从桥体裂缝中渗透出来，既影响道路桥梁的使用年限又影响桥体美观度。

其他病害。道路桥梁病害出除了以上人员原因外，还存在一些外界不可抗因素导致的病害，如山洪冲击、地震损害、寒风烈日、山体滑坡、温差骤变等等外界因素，这些病害原因是人为不能控制的自然病害。

## 二、道路桥梁的防护措施

裂缝问题防护。道路桥梁裂缝问题不是一个简单的措施就可以防护、避免的，需要从建筑的源头抓起，以下简要介绍几个方面：

建筑材料选取。建筑材料选取的好坏直接影响到道路桥梁的建筑工程质量，如砂石、水泥型号、混凝土、钢筋等的选取，在建筑材料选取时，施工单位要对所采购的建筑材料严格把控，不得以次充好、不得以假乱真。需要施工单位人员有较强的责任心和职业操守，对不合格的建筑材料坚决不予购买，只有合格的建筑材料才能更好地保护道路桥梁的安全使用性能。

弥补设计缺陷。道路桥梁设计者要实地考察地质、地貌，针对不同地区地形特点全面考虑，设计合理的路桥建设方案，如该地区车流量大小、车辆类型、桥面承重力、地质负荷等，从源头上管控桥梁裂缝的形成。

提高施工技术。施工单位施工人员多为非合同制人员，即雇佣当天即可上岗作业，未经过统一的岗前培训，人员的专业技能参差不齐，要求施工单位将员工岗前安全操作技能培训列入日常重点工作中，加强对专业技能人员的专项培养，提高施工技术。

加大维护力度。道路桥梁建筑中裂缝一旦形成，便成为一种不可逆的危害，管理人员要及时查看桥梁损害情况，常用"灌胶"技术，将裂缝缝隙清理干净，表面无尘土和杂物，将胶体灌入到缝隙中，使之凝固。

增加整体面层。当路桥表面裂缝数量增多，分布广泛时，需要在路桥表面再增加一层砂浆亦或是整体重新铺设桥面。

做好地质勘查工作。地形勘察为道路桥梁初期建设工作重点，在设计之初现场查看施工地段，可以及时了解所处建筑地带的地质特点，实地勘察工作要认真仔细，不得敷衍了事，要把广大民众生命财产安全放在首位，认真、详细地记录施工现场的土质情况、地形特点等，根据实地勘察结果及结构构造，制定出合理的设计方案，确定桥梁的整体承载能力。如土质较为松软，建筑者则需重点加强地基的加固设施，防止因地基不稳固导致的桥梁不均匀沉降现象。依据道路桥梁的极限承载量，对往来车辆载重进行管控，对于超载车辆严谨驶入。

混凝土碳化。因混凝土中含有氧化钙等碱性物质，而空气中的二氧化碳、酸雨等呈现酸性，酸碱发生化学反应，因此，杜绝混凝土碳化的最好途径就是隔绝空气，防止混凝土内部的物质与之接触，切断反应介质。最常用的方法为在混凝土建筑表面涂上漆料，可以有效防止混凝土与空气中的酸性物质接触。而在当今建筑的技术条件下，在混凝土中加入适量的缓蚀剂，可以使混凝土碳化速度有所降低，提升了道路桥梁的使用寿命。

工程表面缺陷修复：

（1）修补砂浆的修补方法：修补砂浆作为一种混凝土结构表面的缺陷和加固的专用水泥基聚合物砂浆，该砂浆具有较高的重物抗压性、表面抗裂性、防水性能及粘合性。当路桥表面发生等轻微缺陷现象时可以使用。

（2）混凝土的修补方法：当路桥表面形成严重损害时，如剥离、剥蚀、钢筋腐蚀、桥面发生老化等大面积严重损伤时使用。

在我国经济发展的大趋势下，城市化建设的进程已逐步深入到人们的生产生活当中，道路桥梁建设也随之迅速发展起来，路程遥远、山路陡坡等已不再是阻碍人们出行的因素，而道路桥梁建设中仍然存在一系列问题，道路桥梁安全质量提升迫在眉睫，需要道路桥梁设计者、施工单位、相关职能部门等多方配合，共同提升道路桥梁安全使用性能，延长道路桥梁使用寿命，为广大群众出行带来方便。

# 第五节　道路桥梁混凝土施工技术

混凝土施工技术作为道路桥梁工程建设的一项重要技术，极大程度上保障了道路桥梁工程建设的质量。基于此，本节概述了混凝土施工技术，对混凝土施工技术在道路桥梁建设中的应用进行了探究，并进行了案例分析。

## 一、混凝土施工技术概述

混凝土是一种混合物，是以水泥、粗（细）骨料、砂石、水等为原料，按照一定比例进行搅拌形成的混合材料。混凝土材料具有抗压能力强、取材方便、成本低等优点，在工程项目建设中得到了广泛的应用。混凝土施工技术是以混凝土为主要施工材料的一种施工技术，其主要内容包括混凝土的配制、搅拌、运输、浇筑、养护等。实际上，混凝土施工技术在道路桥梁工程建设中应用比较广泛，在一定程度上提高了道路桥梁的质量，为人们出行提供了安全保障。

## 二、混凝土施工技术在道路桥梁施工中的应用

道路桥梁中混凝土施工前的准备工作。当道路桥梁工程应用混凝土施工技术时，在混凝土施工前，应做好一系列的准备工作，主要包括以下几项：①严格审核施工图纸，施工方、工程业主、工程监理、设计部门等应一起对施工图纸进行审核和研究，如果发现图纸中存在问题，应及时有效地进行讨论并解决，从而保障图纸的科学性和可靠性；②施工单位应了解和掌握工程的实际情况，并以此为基础制订工程项目施工组织计划、详细的流程和进度，从而保障工程施工各个项目的有序进行；③施工单位要与工程施工队伍进行技术交底工作，让施工人员了解和熟悉工程内容、工艺要求、施工进度和流程等，从而保障工程施工的进度和质量；④还要做好施工机械设备的检修工作，保障其在工程施工过程中能够正常运行。

严格控制混凝土的配比。混凝土配比是决定混凝土性能的一个重要因素。科学合理的混凝土配比能够保障混凝土的性能，从而保障道路桥梁的工程质量。因此，应对混凝土配合比进行严格控制。为了保障混凝土配比的可靠性，应注意以下几点：①以道路桥梁工程的实际情况为基础，按照工程标准要求对水灰比和坍塌度进行有效控制，从而减少或者避免泌水情况的出现；②对混凝土的初凝时间进行有效控制，从而保障混凝土的施工质量；③应保障原材料的高质量，即水泥可选择高强度的硅酸盐类，骨料可选择高强度、颜色和

产地相同的石料，细骨料选择中粗砂等，通过高质量的原材料来为混凝土的强度提供保障；④需要加入减水剂时，应选择高效能的减水剂，必要时可掺入性能好的矿物质，从而提高混凝土的性能。

混凝土模板工程施工。就混凝土施工技术来说，模板工程是必不可少的，其是保障混凝土稳定性和外形的重要工程。在利用模板施工技术时，应根据道路桥梁工程的实际情况和施工特点，科学合理地设计和选择模板，使其满足各方面（硬度、强度、稳定性等）的要求。另外，应根据不同的结构，选择相适应的模板材料，比如，复杂的构件可采用竹胶模板，比较规则的构件可选用钢结构模板等。总之，科学合理地选择模板材料、运用模板施工技术，能够在一定程度上推进混凝土工程的施工。

混凝土的浇筑。为了保障混凝土的最终质量，在浇筑混凝土之前，应对其进行坍落度检测，确保混凝土材料质量合格。在混凝土浇筑的过程中，通常采用分层浇筑的方法。分层浇筑过程中，应保障浇筑的连续性，上下层之间的融合性，从而提升道路桥梁的整体质量。另外，应严格按照规定进行施工缝的留设，保障混凝土构件能够满足受力的要求。在每层混凝土浇筑完成后，应及时对其进行有效的振捣，使得混凝土中的空气完全排出，从而达到上层与下层充分融合的目的，进而提升道路桥梁的施工质量。

混凝土的养护。养护阶段是决定混凝土质量的重要阶段，养护管理的好坏直接影响混凝土的最终性能。就混凝土养护来说，主要是对混凝土水化作用的管理，具体来说，通常在浇筑完成 12h 内，用塑料薄膜或者其他覆盖物将混凝土覆盖起来，并进行适当的洒水，确保混凝土中的水分，从而保障混凝土水化作用的实现，进而保障混凝土的凝结质量。另外，在混凝土达到强度标准规定时，才可以进行模板的拆除工作。在拆除模板后，要对混凝土施工过程中出现的气泡、麻面、表面浮浆等问题进行及时的处理，从而达到混凝土施工质量的要求。

## 三、水泥混凝土路面施工案例分析

工程概况。本工程为改造工程，相关的工程量有：该道路路基、路面的宽度分别为 5.9m、3.5m，行车速度为 40km/h，总的路面工程量 15 851m²，厚度为 200mm，选用的是 C25 水泥混凝土。

施工准备工作。在水泥混凝土施工前，应做好各方面的准备工作。具体而言，包括以下几个方面：①施工人员、机械设备、材料的准备工作，制订相应的进场计划，从而保障水泥混凝土工程顺利施工；②施工技术交底，向施工人员介绍本工程的实际情况，使他们了解和熟悉工程的施工特点、工序和进度安排等，并强调工程项目施工要求和安全，从而保障混凝土的施工质量；③要做好施工现场设备设施的准备工作，即施工场地、供电供水设施、临时道路等，从而为后续的施工奠定基础；④清理路基表层，并进行路基压实工作；⑤对施工现场进行测量放样工作，主要是导线复测、中线复测、水准基点的校对等，从而保障道路施工的准确性。

模板的制作与安装。根据工程项目的实际情况和施工特点，选择适宜的模板材料，本工程采用了钢模板，其厚度为2.5mm。按照施工图纸进行模板的安装，并对重要结构设置控制点，以便后期的校正和检查。需要注意的是，在钢模板使用前后要清洗干净，并进行矿物油类的涂刷，从而保障混凝土的质量。

水泥混凝土的配制、拌和、运输。按照施工图纸要求，对混凝土的配合比进行了试验，并将试验结果报送监理工程师审批。同时，还要根据工程的实际情况、浇筑方法、气候条件等决定混凝土的坍落度，通常选用3-5cm。待审批通过，确定混凝土的配合比后，进行混凝土的拌和工作。为了保障混凝土的最终质量，应选择适宜的车辆和运输路线，尽量确保混凝土不出现离析、泌水现象。

水泥混凝土路面的铺筑和振捣。待路基验收合格后，开始铺筑混凝土。在这之前，需对运输的混凝土进行坍落度试验，不合格的混凝土严禁入仓，并予以清除。在混凝土铺筑的过程中，应保障铺筑的连续性，从而保障混凝土的整体质量。就混凝土的振捣工作来说，每个车道采用2根振捣棒，组成横向振捣棒组，使得混凝土横断面振捣密实。同时，要辅以人工补料，即相关工作人员应对振实效果、钢筋网的变形、模板、拉杆等情况进行随时检查，并及时纠正，从而保障混凝土铺筑的最终质量。

水泥混凝土路面的养护。结合本工程的实际情况，选用洒水或薄膜的养护模式。其中，洒水养护应在混凝土浇筑完成后12-18h内进行，养护时间不低于14d。而薄膜养护，其初始时间以细观抗滑构造不压坏为准，选择适宜的薄膜厚度，并将混凝土全面覆盖，从而达到混凝土性能要求。

综上所述，混凝土材料是道路桥梁工程建设常用的一种材料，其施工技术也常出现在道路桥梁工程建设中。在混凝土施工技术的实际应用过程中，应做好前期的准备工作，以及混凝土的配制、拌和、模板工程、浇筑和振捣、养护等工作，从而保障混凝土的质量，进而保障道路桥梁的安全使用。

# 第六节　道路桥梁隧道施工难点与技术

随着我国施工行业的不断发展，道路桥梁隧道已经成为社会经济发展建设的重要部分。许多地区在工程建设过程中，不断深入研究道路桥梁隧道施工技术及其现场施工管理措施。管理者需灵活运用工程资源技术，加强科学化管理，从而有效推进各项施工工作。

## 一、道路桥梁隧道施工管理的主要难点

道路桥梁隧道作为城市建设的重点项目，一直受到社会的广泛重视。其施工质量将直

接影响到道路桥梁隧道的整体质量。为了保障地基坚固稳定，必须清楚明确道路桥梁隧道工程的主要难点，从而有效建设高质量的项目工程。

### （一）影响因素多

由于道路桥梁隧道项目通常具有工期紧、工程量大、结构复杂，地上地下管网以及周边交通和行人等多样的干扰因素。且国家对于该类工程的施工标准更高，且施工难度更大。道路桥梁隧道建设对于施工质量管理和控制的要求更高，需有效的避免相关施工风险，从而有效保证建设工程的有效推进。

### （二）稳定性的要求高

道路桥梁隧道工程对于施工结构具有较高的稳定性。为了保证路基结构在驱动荷载和多种自然因素作用下的稳定性，避免其结构产生变形和损坏，需要根据现场的实际情况采取有效措施。从而避免路基在相关的外力作用发生一定程度的损坏，造成严重的安全风险。

### （三）管理素养不足

施工阶段相对于整个道路桥梁隧道项目来说是耗时最长的一个环节，同时也是最为繁杂的一个过程，而这种复杂在道路桥梁隧道的工程管理上也尤为突出。在施工过程中各个方面的因素越是相互关联，在施工阶段产生的影响也就越发明显。例如，在施工过程中使用的任何一种的施工材料都将产生直接的管理影响。建筑项目管理人员整体综合素质不足，缺乏专业的管理意识，对项目过程的掌控能力相关较弱，造成管理的弱化。最终导致项目工程的效率和质量都没能达到预期的效果。经常出现工作人员拥有资质证书，但是却缺乏实际的项目管理能力，无法将实际情况和理论有效结合。从而造成项目管理工作仅仅停留在表面，没有具体落实下去。

## 二、道路桥梁隧道的主要施工技术

土石方的施工技术。在土石方的施工管理过程中，首先去针对基坑开挖土方的上部地质条件进行严密的勘察，根据鉴定条件进行合理的保护措施。对土方的排水功能进行校验，保证排水功能的有效性。施工点需与设计方案中的具体要求完全一致，避免造成安全隐患。基坑施工结束后，对开挖面的暴晒时间进行管控，保证工程安全质量需求。

钢筋的施工技术。在建筑施工过程中，钢筋作为整体的重要建材。管理者需对钢筋进行严格的把关，充分重视钢筋的生产材质。在施工现场需要对所选用的钢筋进行多样性的检验，必须具有检测证书，确保钢筋质量的完好。无论是现场抽查检测，或者是生产厂家的检测，一旦发现所使用的钢筋不符合使用标准，需进行严肃处理。每个批量的钢筋需都具有检验记录登记以及使用记录。

框架剪力结构技术。框架剪力墙的结构形式，大致上剪力墙结构体系与框架结构体系的融合，框架剪力墙的结构形式在布置建筑内部布置时有着极高的灵活性，并且抗剪性能也非常优越，框架剪力墙结构两项优势能够有效提高建筑墙体的质量。在框架剪力墙结构中，框架结构是其中重要的主体部分。而剪力墙结构只是在这个大结构中占据着比较少的一部分。通常，框架剪力墙的结构主体是由钢筋混凝土材料构建的，钢筋混凝土材料大大提升了结构框架体系的承受性能，除此之外，钢筋混凝土材料在框架剪力墙结构中还能有效地提高对相应水平力的控制。

工程检测技术。目前道路桥梁隧道质量检测技术主要包括以下三种。①红外热成像技术：这种技术主要是通过检测自身结构的体重技术。因为结构分子时刻处于运动状态，因为热传导效应相对平稳。然而建筑物背部不同，会使得热传导发生变化，使得表面温度不均匀。红外热成像技术将热流注入建筑中，从而改变表面温度，最终检测建筑物的整体质量是否合格。②磁粉检测技术：这种技术也是目前应用相当广泛的一种工程监测技术。磁粉检测技术能够有效监测出肉眼无法看出的建筑问题，从而有效保证道路桥梁隧道质量。③射线技术：这种技术主要优点在于其技术含量较高，最终的准确度高。它不受建筑物周围环境的影响，对于建筑物的强度、抗压性以及相关工艺进行有效监测，直观地发现道路桥梁隧道的各方面问题。

道路复合地基处理技术。地基处理技术具有实践性明显的特色，近几年的技术发展尤其迅速。然而，地基处理费用持续上升，在建筑中需选择合适的地基方案，从而有效把控工程造价。首先需针对人工地基桩型进行选择。人工基地并非适用于各种情况。当地基处于15-20cm变形范围时，且土质层均匀，可选择天然地基方案。其次，需充分考虑地基承载力的使用值。地基承载力的数值有多种区分，且各种承载值之间具有一定联系。如承载力标准值需经过基础宽度、埋置深度修正后，进一步确定地基承载力作为设计值。复合地基理论的关键在于桩间土的承载能力，充分利用桩间土的承载能力。通过在桩基的顶部再加一层砂性土，有效加强桩基的顶部再加一层砂性土褥垫。这也有效解决了桩间土承载力的问题和资源浪费的情况。当桩土共同承担荷载，桩模量比桩间土高，且桩间土比桩沉降量要大。在进行褥垫压密设置过程中，桩理科刺入垫层，并将上部荷载传进桩间土以及桩上，从而有效保证间土能够正常的发挥其承载力。

## 三、道路桥梁隧道施工管理的主要发展策略

加强精细化管理。在以往的管理方法中，施工人员管施工人员，管理人员管管理人员，可能会出现施工人员和管理人员互不信任的关系。施工人员是最了解施工难度、施工要点的人，所以在有些时候，他们并不想完全听命于管理人员，而管理人员的专业素养高，但不从事一线工作，有些事情无法理解。加强精细化施工管理，能够尽量避免这样的情况产生，能够促进管理人员和施工人员之间的沟通交流，能够让管理人员更好地了解施工情况、

施工难度等问题，拉近管理人员与施工人员之间的关系。管理人员的工资与施工进度和质量挂钩，也可以有效地制约管理人员，提高管理人员的工作效率和工作热情。

建立健全工程管理制度。在这个过程中，现场管理人员应该做好现场的勘察工作，对现场的施工环境掌握清楚。需要尽可能的发觉项目在施工过程中，可能出现的绝大部分问题，并做好及时的解决工作。在道路桥梁隧道在投标阶段，可以实行量、价分离的模式，降低预期造价成本与实际偏差过大。施工企业需保证工程质量以及项目预算。让施工企业组织专业人员进行成本估测，作为项目参考依据。其实这本身也就是招投标的相关标底问题，在选择投标单位的整个过程中，建设方不仅仅要看重投标单位的良好信誉，更要密切关注投标单位的报价情况。管理人员需要充分考虑施工单位的企业资质问题。资质雄厚的企业管理水平高，员工水平素质整体较高，且公司内部拥有完善的工作制度。这样可以有效避免项目运行过程中，出现低级意外情况的发生。在施工过程中，现场管理人员需要对各个环节的经济成本做好把控，任何一个环节都会造成额外施工成本的增加。同时，管理人员可以构建全寿命周期造价管理体系。全寿命周期造价，指的是将工程生命周期结束后，对在工程建设中投入的建设成本，相关运营成本以及工程拆除成本在进行折现后，计算它的总和。全寿命周期造价管理主要两部分构成，分别是工程造价管理以及全生命周期造价分析。将项目不同阶段进行统筹管理，以项目总体利益出发，寻求最优化解决和处理方法，协调各参与单位的利益规划。在项目推进的过程中，每个环节以及现场的所有环境条件都会导致最终的投资成本受到影响。通过安全评估监控来形成科学合理的监控管理，可以显著降低预期投资成本与实际成本的差值。

科学编制施工组织设计。工程开工前，组织专业人员认真编制临时施工组织设计，落实技术措施、安全措施、管理措施，严格执行安全规范。必须做到每台设备应有各自专用的配电箱，实行一机、一箱、一漏电保护、一闸的"四个一"规定，严禁用同一开关箱控制2台及以上设备（含插座），并做好开关箱、配电箱的防雨防潮及保护接地等措施。施工检查包括负责临电施工班组的日常检查和安全监察人员的监督检查，临电施工班组必须对所用变压器、配电箱、照明等设施，以及电工工具进行定期检查，并有检查记录，发现问题及时处理。除了对设施进行巡查外，最重要的是要对施工班组的日常检查情况进行监督，将检查制度认真落实。

总而言之，由于多种外在因素的影响，在道路桥梁隧道管理中总是会存在一些问题。管理人员需针对相关原因深入剖析，从而找到有效的解决措施，积极提高道路桥梁隧道的施工技术与相关管理水平。道路桥梁隧道管理不仅是在施工前的计划和规划上，施工时的管理更要做到位。身在信息化的时代，科学技术迅速发展，道路桥梁隧道管理也应该采用新的高科技的手段，适应时代的发展，不断的提升管理质量。

# 第七节　市政道路桥梁主要建设技术

随着我国经济实力和科技水平的不断发展，我国的市政道路桥梁建设领域也得到了长足的发展。在建设市政道路桥梁的过程中，科学合理的应用相关的建设施工技术是提升市政道路桥梁建设质量的基础保障。本节就市政道路桥梁的主要建设技术做了相关的阐述与分析。

随着我国道路交通领域的不断发展，对市政道路桥梁建设也提出了更高的要求。在建设市政道路桥梁的过程中，一方面，要充分的了解市政道路桥梁建设施工的特点，同时充分的运用各种现代化的建设施工技术；另一方面，要构建出完善的建设技术体系，强化现场的建设施工管理。只有这样，才能够有效的提升市政道路桥梁的安全性与稳定性。

## 一、我国市政道路桥梁的建设施工特点

就我国市政道路桥梁的建设施工特点而言，首先，和一般的工程项目比起来，市政道路桥梁工程的施工量是比较大的。通常情况下，一座城市的中心区域是建设市政道路桥梁的主要场所。因此，如果想要促进市政道路桥梁工程的顺利实施：一方面，要详细的勘察与分析施工现场的周边环境，确保施工现场的整体施工环境能够满足市政道路桥梁工程的建设需求；另一方面，要对影响市政道路桥梁建设施工的各种因素展开深入的研究和分析，并及时的制定出相应的防范措施。其次，和一般的工程项目比起来，市政道路桥梁工程的施工难度是比较大的。在建设市政道路桥梁的过程中，施工现场周边的管线与地线不但具有错综复杂的特征，且数量十分的庞大。因此，如果缺乏科学合理的建设施工规划方案，就很容易在施工的过程中对埋藏在底下的管线与地线造成破坏。在这种情况之下，不但会增大交通安全事故的发生概率，还会对工程的建设施工进度与建设施工质量产生直接的影响。最后，和一般的工程项目比起来，市政道路桥梁工程的施工速度是比较快的。通常情况下，市政道路桥梁建设工程都是在城市的中心发展区域开展的。因此，在建设施工的过程中，会对当地的交通道路运行产生直接的影响。针对这一问题，在建设市政道路桥梁的过程中，就要在确保工程建设施工质量的基础上对建设施工的时间进行有效的控制，尽可能地提升建设施工的效率，从而在最短的时间内恢复当地的交通运行，进而为人们的交通出行创造出良好的条件。

## 二、我国市政道路桥梁主要建设技术分析

### （一）市政道路桥梁工程混凝土施工技术

在建设市政道路桥梁的过程中，混凝土施工技术属于最基础的建设技术。在应用混凝土施工技术的过程中，首先，要确保混凝土材料的品质能够符合实际的建设施工需求。通常情况下，尽可能的选用钢纤维材质的混凝土材料，以此来充分地发挥出混凝土材料的最佳效用，进而提升工程的建设施工质量。其次，要确保混凝土浇筑环节能够一次实现，同时科学合理的控制混凝土的振捣频率与振捣时间。再次，在混凝土建筑完成之后，要对后期的养护工作予以高度的重视。通常情况下，在混凝土浇筑完成的三小时后，要抹平混凝土的表面；在混凝土收水之后，要二次抹平混凝土的表面，同时将潮湿材料铺在混凝土上；浇水养护的时间不能少于十四天；养护期满，要及时地填充缝槽，同时确保混凝土表面的干燥。最后，相关的工程施工企业要结合混凝土材料的应用情况来确定混凝土的坍落度。随着建筑施工领域的不断发展，预制混凝土连锁块也逐步地被应用到了市政道路桥梁建设的过程中。预制混凝土施工技术比传统的混凝土浇筑技术更加的符合现代化的工程建设需求，将其应用到市政道路桥梁工程中，不但能够有效地提升工程的建设施工质量，还能够有效地减少混凝土材料的浪费。

### （二）市政道路桥梁工程地基施工技术

在建设市政道路桥梁的过程中，地基施工技术也是尤为重要的。在应用地基施工技术的过程中，首先，如果在施工地区存在软土地基的情况下，就要及时对软土地基进行处理，通过行之有效的处理方法来增强地基的强度与硬度，从而有效的提升市政道路桥梁的安全性与稳定性。通常情况下，比较常见的软体地基处理方法有碎石桩搅拌处理法、排水固结处理法、复合地基处理法以及换填处理法。其次，要重点处理市政道路桥梁的过渡段，从而有效的提升市政道路桥梁过渡段地基的强度，进而有效地降低市政道路桥梁路面出现跳车和裂缝的概率。在此过程中，第一，在摊铺新料的过程中，要使用切割机来对路面存在的塌陷和凸起进行清除。最后，要及时地对清除过程中产生的碎料进行清扫，随后将沥青结合油涂刷在路面上。另外，还要做好冷接缝处理。第二，要确保混合新料能够具备良好的压实度。通常情况下，会采用分层填筑的方式，尽可能地将每层的厚度控制在二十毫米。第三，利用严格的检测来对压实度进行有效的控制。第四，做好沉降处理工作，科学合理的运用沉降处理技术，从而有效的提升路面桥梁过渡段的稳定性与安全性，进而为人们的交通出行提供强大的安全保障。

### （三）市政道路桥梁工程滑模施工技术

在建设市政道路桥梁过程中，滑模施工技术作为一种现代化的施工技术得到了越来越

广泛的应用。滑模施工技术具有很多的应用优势，例如机械化程度高、整体结构性强、施工周期短、应用成本低以及施工质量有保障等。在应用滑模施工技术的过程中，首先，需要借助于爬升式千斤顶设备，以此来将模板与工作台提升到相同的高度中，与此同时，要及时地进行混凝土浇筑作业，从而让混凝土能够在模板中逐渐的成型。其次，在应用滑模施工技术的过程中，一定要及时对施工过程中产生的细缝进行处理，从而有效地提升市政道路桥梁整体的结构稳定性。

## （四）市政道路桥梁工程翻模施工技术

近年来，翻模施工技术在市政道路桥梁工程中得到了越来越广泛的应用，并取得了良好的应用成效。在应用翻模施工技术的过程中，首先，要借助于大型塔吊设备，以此来有效地提升大面积的钢模板材料和工作台。在此过程中，要将钢模板支撑到牛腿支架上，同时确保钢模与工作台能够处于缓慢的提升过程中。其次，要为工作台上的施工作业配备专门的作业人员，由其负责完成钢模板的加工操作。通常情况下，翻模施工技术涉及三个层级的模板，需要为每一个层级的模板设置相应的安全高度。在安装模板的过程中，需要使用扳手辅助，同时采用交替进行的方式来开展混凝土浇筑作业与模版支设作业。另外，在进行混凝土浇筑作业的过程中，需要采用分层浇筑的方式，同时做好模板的支护工作。在这种情况之下，不但能够有效地提升道路桥梁路面的承载能力，还能够有效的提升道路桥梁整体结构的稳定性。

## （五）市政道路桥梁工程钻孔灌注桩施工技术

对于市政道路桥梁建设工程而言，在应用钻孔灌注桩施工技术的过程中，首先，要通过定位实测的方式来确定钻孔的位置，同时设置好钻孔作业的深度。其次，在开展正式的钻孔作业之前，要及时地做好相关的清理工作，随后在完成放线定位与钻机就位的基础上，利用钻机钻进成孔。另外，在完成了钻孔清理工作之后，相关的工作人员还要严格根据钻孔基点位置和钻孔线进行测量，同时严格的核查施工图纸，发现问题要及时地进行改进。再次，开展钻孔灌注桩施工。在此过程中，一方面，要确保泥浆循环系统能够提前准备就绪，科学合理的设置泥浆池的长度、宽度以及深度，同时确定钻孔灌注桩的灌注容积；另一方面，在开展钻孔灌注桩施工的过程中，在开钻使需要设计小冲程，同时确保清水和粘土能够被冲击到护筒中。另外，当钻机钻入到砂石层的时候，要结合泥浆的密度来对钻进的速度进行有效的控制。

综上所述，在我国交通道路事业发展的过程中，市政道路桥梁建设工程发挥着重要的作用。在开展市政道路桥梁工程建设的过程中，一定要充分地应用各种现代化的建设施工技术手段，对相关的施工技术要点展开深入的研究和分析，严格地按照相关的施工技术操作规范来进行施工操作，从而有效的提升市政道路桥梁工程的建设施工质量与建设施工效率。

# 第二章　公路工程招投标研究

## 第一节　高速公路工程招投标浅析

随着公路交通事业的快速发展，高速公路工程也获得了迅猛发展，关于高速公路建设市场也越来越规范化，而作为保障高速公路有效施工的工程招投标环节，招投标措施和管理办法将直接影响高速公路建设的质量和效率。鉴于此，有必要对高速公路工程招投标的特点、招投标现状和管理措施等展开研究讨论，从而提高高速公路建设资金的使用效率，确保工程高效优质地完成。

### 一、高速公路招投标概述

#### （一）工程招投标含义

工程招投标指的是投标者，也就是各承包商在自愿的前提下，遵循公平公正的招投标原则，通过对各投标人资质、技术管理水平以及企业的信誉等综合比较，然后确定工程最终承包商的经济行为。招投标工作是建设工程的重要内容，也是影响工程造价的关键一环。在招投标工作开展前首先要编制合理的招投标文件，明确工程合同内容和形式，完善各种管理机制，然后在此基础上做好一系列招投标管理工作。招投标工作开展的原则是公平公正，这也是保证工程造价和工程计划安排科学合理的基础。工程项目在不同的环节会对造价造成不同的影响，但是由于招投标环节是工程建设的基础环节，所以加强招投标阶段的造价控制是控制造价的关键。在该阶段应对招标价格和投标报价进行控制，在签订合同时注意明确合同内容和形式，明确工程款项支付方式和支付内容，做好对各种可能会影响造价因素的控制。

#### （二）高速公路招投标特征

关于高速公路招投标行为的特征，主要可以从市场经济角度去分析，通过完全市场竞争可以提高资源的利用率，使各项资源得到合理配置。高速公路招投标过程其实就是引入市场竞争机制，从而形成价格机制的过程。所以在高速公路工程招投标方面，本身就具有促进市场竞争的特征。通过市场竞争机制的引进，打破了地区保护和行业垄断，通过各种渠道发布招投标信息，使满足资质要求的施工单位和供应商等前来参加投标，并且通过前期的资格预审可以促进业主和施工单位之间的相互了解，确定质量达标的单位参加投标，而排除一部分不符合质量要求的单位，这样可以充分发挥高速公路市场竞争机制的作用，形成完全竞争的市场结构。其次，高速公路招投标具有促进价格机制的作用，也就是在高速公路建设市场上，通过价格机制平衡价格和市场需求，当市场需求增加时相应的建筑产品价格也上升。可以说，在高速公路工程招投标环节中引入价格机制有利于形成高速公路建筑产品的定价机制，发挥价格机制在建设市场中的调节作用，从而使得各项资源得到合理配置，提高资源的利用率。另外，高速公路工程招投标具有显著的经济性，这是因为在建筑产品市场交易中，可利用招投标实现高速公路建筑产品的商品化，使建筑市场走向市场经济，实现买卖双方的利益。

### （三）高速公路招投标市场准入分析

高速公路工程招投标工作中引入完成市场竞争机制，形成完全竞争的市场结构，是一种有利于推动高速公路工程建设市场可持续发展的措施。在完全市场竞争下，竞争使得各个施工单位可以根据自身实力引入新技术、新设备和新工艺。同时进行内部改革创新，不断改进经营管理的理念，提高管理水平、提高施工效率和施工质量，并且可以有效降低工程造价，提高各项资源的利用率。通过市场机制的引入，形成了竞争态势，在这种情况下一些实力不佳的企业便会被淘汰，而资源则会向那些可以生产出更大效益的生产者靠拢，有利于形成规模经济，提高资源的利用率同时降低施工成本。但是在招投标市场环境下，如果出现买卖双方比例严重失调的情况则反而会出现过度竞争，而引起低价抢标的现象。虽然低价评标方式可以降低工程成本，但是一旦承包商中标以后可能会为了降低工程造价而采用劣质建筑产品，这样就会影响工程的质量，反而违背了初衷，有损资源的总效率。为此，有必要建立高速公路工程招投标市场准入机制，采取资格预审的方式先排除一部分不符合质量要求的单位，然后采取合适的招标方式。在市场准确的要求下，施工单位可以提前做好一系列准备，比如，遵循法律法规的前提下获取相应的技术等级和经营资格，限制竞争力低下和资质有问题的企业进入招投标环节，这样就最大可能地避免了低价竞标现象和交易成本不正常上升现象的出现，为合同的签订奠定基础。

## 二、高速公路工程招投标现状分析

高速公路工程招投标市场在多年的实践中已经形成了公平公正、客观准确的评标原则和一系列评标方法，在编制投标文件方面，对于技术能力、财务能力和管理能力等也做了全面的规定，对报价总金额、工程量清单和单价构成分析也做了详细的说明。目前已经形成了完整的一套计价方法和可遵循的规律，为计算出合适的投标报价，需从技术要求角度。计量支付内容角度选择合理定额，并准确计算出工程量，通过费率和引用分析计算最终的投保价格。但是我们也可以看到在招投标工作中依然存在制度执行不严、管理不力等问题，招投标制度还需要进一步完善，充分发挥其规范建设市场、加强投资控制和节约开支的作用。

高速公路工程招投标评标方法。高速公路工程在招投标中，主要的评标方法包括合理低价法、最低评标法、综合评估法和双信封评标法等，其中以最低评标法和综合评估法最为常见，又以综合评估法最有效。合理低价法指的是对已经通过预审和详细评审的投标方，根据招标文件中规定的办法对其评标价进行评分，最后根据得分的高低按顺序排列，选择前三名为中标候选人。这种评标方式不对施工单位的组织设计能力、财务能力、技术能力和管理能力等进行评价。最低评标价法指的是直接根据评标价格由低到高的顺序，按照招标文件中的规定开展初步审核和详细评审，并推荐通过初步审核和详细评审，同时评标价格最低的前三名投标方作为中标候选人。综合评标法指的是对所有通过初步审核和详细评审的投标方，对他们的财务能力、技术能力、管理能力等进行综合评价，最后根据总评分按照由高到低的顺序排列，选择前三名作为中标候选人。双信封评标法指的是施工单位将投标价格和工程量清单独立密封在报价信封中，将其他技术和商务文件密封在另外信封中，分两次进行评标。第一次对商务和技术密封文件进行出保护审核和详细评审，确定通过商务和技术评审的候选人名单，然后对这些候选人再次开展投标报价和工程量清单的评价，最后推选出中标候选人。

高速公路工程招投标工作存在的问题分析。现阶段，在高速公路工程招投标工作中，主要存在的问题有两个。第一个是对于施工单位资质的审查存在控制不严和管理不当的问题，比如，一些不符合资质要求的单位也参与了投标，甚至有的没有独立资质的二级法人也参与投标，这样不仅对其他投标方不公平，而且还容易出现虚报价格影响招投标工作的现象，如果一些虚报资质或虚报价格的企业中标，后果将不堪设想。第二个问题是，虽然对于工程招投标工作的管理制度和法律法规在不断完善，但是在部分地区依然存在腐败现象。比如在承包过程中，有的施工单位为了中标而故意降低价格提高评标评分，而有的建设单位则利用招标权索取贿赂，或者对于公开招投标的项目直接不进行招投标，而选择自己熟悉的施工单位指定招标、仪标，这些行为都严重违反国家规定的法律法规。

解决当前高速公路招投标问题的建议。对于上述高速公路招投标过程中的问题，首先应该完善各项制度，比如深化资格预审制度，邀请评标专家参加资格预审评审工作，这样能尽量保证预审工作的公平公正，同时也提高了工作的准确性和质量，最大程度上将一些不符合资格的单位排除在外，也尽量避免了虚报价格和虚报资质的单位进入到招投标环节。一般来说，评标专家人数要达到资格预审委员会人数的三分之一以上。当然，为进一步保证评标工作公平公正地开展，还要做好对评标专家的培训考核，实现动态化管理目标。其次，推行公告制度，提高招投标活动的透明度，必须严格按照国家和行业的法律发挥开展工程建设项目的招投标工作。此外，在评标方法选择上，可适当推行合理的低价法，鼓励无标底招标，在评标过程中加强监督检查，及时发现违法违规行为并加以处罚。

# 三、关于高速公路工程招投标阶段的造价控制和管理

高速公路工程造价管理现状。高速公路工程具有建设内容繁多、工程规模大、建设周期长、对技术要求高且面临的环境复杂等特征，所以为有效的控制工程施工成本，就要从源头着手做好对工程造价的控制。作为工程建设的基础和关键环节，在高速公路工程招投标过程中，应采取合理措施控制造价，但又要保证后期施工的质量。目前，在高速公路工程造价管理方面还存在管理方式相对落后、工程造价管理机制不够完善、缺乏准确数据支持等问题。尤其在招投标阶段，对于造价的管理，依然存在地区保护和价格垄断现象，招标文件的编制中关于标底和投标价格的制定也存在不合理之处，不但影响招投标工作的有效开展，还会影响后期的工程施工进度和施工质量。

工程造价管理方式问题。在经济快速发展的背景下，推广建筑市场非常重要，但是在建筑市场竞争越来越激烈的情况系要求建筑公司可以有效的管理建筑成本。但是在实际管理中，往往对于不同的项目采取相同的管理策略和管理模式，忽视了不同项目之间的差异性，这种经验管理策略无法满足新时期项目精细化管理的要求，使得管理处于混乱状态，从而引发各种管理问题。

工程造价管理机制问题。在项目造价管理系统中，缺乏对数据的精确化统计和分析，导致无法真正发挥出成本管理和成本控制的功能。在传统的成本管理模式下，无法实现对项目造价的精细化管理，无法建立有效的成本协调控制机制，使得我国整体工程项目造价管理体系不够完善。

工程造价管理模式问题。建筑市场一直在发生变化，但是我们发现当前市场出价和需求以及运营成本的数据是不相匹配的，同时系统数据也不能完全准确地支持市场价格的调整。在市场模式逐渐清晰的情况下，现阶段成本管理机构对于消费的常规指标没有进行区别，或者直接采用稳定的消费指标，这样工程建设成本就没有了数据的支持，无法体现市场经济波动状况。

招投标中造价管理问题。在工程建设的不同阶段，对于造价管理的具体内容和方式是不同的，但是作为一个整体在造价管理时应该站在宏观的角度采取全过程管理模式，不仅要做好每一个环节的造价控制，还应该将各个阶段的造价控制结合起来。在所有造价管理阶段中，招投标环节的造价管理和控制是基础，但是现阶段在工程造价管理时很难将各个阶段的造价管理结合起来，使得各个阶段之间的造价管理比较分散，影响决策的统一性。加上还存在地区保护和地区价格垄断等问题，使得招投标阶段中存在的不规范问题比较突出，影响后期对于造价的管控。另外，在编制招投标文件时，由于标底和招投标价格的不合理性，影响了工程质量和工程进度，使得工程遭到巨大经济损失。在评标方式上，现阶段采取的方式是工程量清单计价模式，然而在实际操作中，受到技术的原因使得评标工作难以快速准确地完成，很多建设单位在评标标准方面就存在很大的差异，影响后期工程施

工，影响造价管控的有效性。

影响招投标阶段工程造价的因素分析：

造价管理人员因素。在建设工程前期需要对现场做好实地调研工作，只有结合建设用地实际情况编制造价管理计划，才能真正发挥造价管理的作用。但是由于部分造价管理人员自身专业能力不足，前期忽视了对当地的实际考察，重视建设的许可规划和设计思路，而忽视了对业务和功能的划分，和设计方缺少联系，在对招标图纸考核时形式化，就容易在后期施工中出现设计变更问题，设计变更频次增多后自然会影响工程施工进度，甚至还会使整体造价控制失控。

招投标文件因素。招标文件是纲领性文件，其内容包括招投标具体流程规定和建筑技术标准规定，但是在编制招标文件时，目前由于计价依据的不统一，对于工期和质量要求以及材料供应方式的不统一，使得工程招标文件在编制中存在困难，如果招标文件内容存在不合理之处，将影响后期工程造价。此外，因为招标人员专业能力的问题以及招投标制度问题，在关于招标文件编制和确定上存在信息沟通不畅、意见不统一的问题，而部分造价管理人员整体控价意识薄弱，这样就更容易使造价管理失控。

加强高速公路工程招投标阶段造价管理的对策建议：

完善评标机制。评标方法是招标文件的重要内容，在业主选择承包商时具有重要指导作用。因此，必须完善评标机制，选择适合自己的评标方法。目前常见的方法有最低投标价法和综合评估法，最低投标法虽然工程造价较低，但是可能会出现投标方为了中标而盲目降低价格的现象，但是在投标方中标开始投入建设以后就可能会出现为降低成本而牺牲工程质量的问题。因此，该评标方法主要适合用在工程项目小，且对于要求不高的工程项目中，对于大多数大规模建设项目和造价本身较高的项目而言，应该在综合考虑施工技术、造价成本等因素的基础上采用综合评标方法，这样有利于控制工程的质量。但是在工程量清单计价模式下招标时，必须对相关技术标准以及其他细节问题重点关注，结合工程实际和招标方法制定合理的评标方式开展评标工作。

明确合同内容和合同形式。在招投标阶段，明确合同内容和形式是为了实现更好的造价控制管理。在合同签订时，双方应就合同类型、条款结算方式等进行确定，采取合理的合同形式可确定双方利益的分配，保障项目目标的完成，从而实现对工程造价的合理控制。当然，在计算规则上，还要根据清单项目全面描述，准确计算项目的工程量，这样可有效减少工程施工阶段中对于增加合同价和工程变更的可能性。

科学编制投标文件。投标文件的质量直接关系着招投标工作能否顺利完成，所以要准确编制招标文件，强化对文件内容的审核，确定所编制的招标文件可以实现对工程造价控制的目标。在审核时要有明确的目的性，对于投标文件中关于施工材料、机械设备等内容认真审核，尤其要对各合同款项审核。

强化招投标环节的造价管理要点。以清单计价模式为例，在该模式下，关于招投标阶段的工程造价管理和控制，首先要科学设计清单计价模式，在工程量清单中体现其设计的科学性，保证内容合理有效，保证各项内容规定公平公正，这是保证招投标工作在公平公正原则下有序开展的必要条件。其次，应该强化标底设计和审查工作，标底作为确定报价合理的重要依据，也是肯定建筑价值和成本价格计算的重要内容，必须加强对标底设计的审核，才能便于后期的造价控制。此外，在确定标底和标价以后，应该由招标方开展询标工作，在询标是排除非实质性和偏激性的报价，减少后期设计变更问题，同时就有关招投标内容做好招投标双方的沟通联系，确定最后的招标价格合理科学。

综上所述，我国在高速公路建设方面已经取得了很大的成绩，同时高速公路的建设也推动了社会经济的健康发展。随着高速公路建设投资渠道的多元化，关于高速公路建设模式也变得更加灵活多样。在高速公路工程招投标环节，关于招投标的各项制度已经逐渐完善并走向成熟，推动高速公路工程项目走向完全市场竞争，形成完全市场竞争结构。尤其是市场竞争机制和价格机制的引入，促使符合资质的施工单位不断的改进技术和内部管理机制，提高自身的竞争实力，为实现资源的合理配置、保证工程建设的质量奠定基础。为建设更加规范、高效和公平工作的高速公路招投标市场环境，有必要加强对高速公路工程招投标特性、市场准入、招投标管理等方面的研究。

# 第二节　公路工程招投标与合同管理

鉴于公路工程招投标与合同管理的重要性，从公路招投标的影响因素入手，详细地探讨了优化公路工程招投标的管理措施，然后分析了合同管理的内容与特点，并阐述了其优化方法。

公路工程建设管理是公路工程建设中非常重要的一项工作，特别是在公路工程招投标与合同管理方面。公路工程招投标与合同管理对公路工程的顺利竣工有着非常重要的意义。然而，目前我国公路工程招投标与合同管理方面仍然存在一些问题，影响着我国交通行业的健康发展。在公路工程建设过程中，必须加大对合同的管理力度，采用科学合理的方法实现高效管理。

## 一、公路工程招投标的重要性

在当下竞争越来越激烈的市场环境中，招投标在公路工程中的运用非常常见，这有利于各施工单位的公平竞争，同时达到利益最大化和效益最大化。在招投标活动中，招标人要根据自己的需要设置竞标条件，吸引符合条件而且有意愿竞标的投标人参与竞标，并根据招投标的相关规定流程进行竞标，从而选出中标人。招投标这种竞争形式不但规范了公路工程建设市场，还有助于招标方进一步了解施工单位的详细情况，选择适合工程的施工单位，对促进公路工程建设行业的健康发展有着非常重要的意义。以往公路工程建设一般采取分配制，这其中可能会存在暗箱操作，出现贪污腐败的现象，非常不利于相关管理人员对工程施工的管理和控制。相比，公路工程招投标形式的运用真正实现了以市场为中心的任务分配方式和公平竞争方式，使公路工程建设市场在一个规范、公平的环境下进行竞争和交易，从根本上促进了公路工程建设的发展。

## 二、公路工程招投标的影响因素

在公路工程招投标中，招标人要对公路工程的所有影响因素进行综合、整体性的比较和考察。首先，影响公路工程建设施工水平和质量的基本因素之一就是投标企业的软硬件实力。因此，在竞标过程中，投标人要将企业的运行水平和优势充分展示，使自己在多个竞标企业中具有较强的竞争力，为竞标成功打下坚实的基础。其次，对招投标产生影响的因素还有招标方企业的运行现状，因为只有信誉高、有责任心、运行良好的企业才能使竞标企业放心与之合作，才能顺利地进行后期实际的施工建设。再次，道路工程项目也是招投标的重要影响因素之一，因为工程难度、要求、实际条件都是影响施工的关键因素。最后，施工现场环境也会对招投标产生影响，比如施工现场的气候、治安等问题。

## 三、优化公路工程招标管理措施

不同项目实行不同的评价方式。要想提高公路工程招标的质量与效率，确保公路工程顺利完工，项目的评价方式显得尤为重要。不同的公路工程项目采用不同的评价方式，有利于确保公路工程项目的顺利实施，还能有针对性地解决项目中存在的问题。不同评价方式的适用对象不同，其中标底法因适用性较强而得以广泛应用。它不仅能促使招标顺利完成，还有利于提高公路工程建设的工作效率。需要注意的是，标底法因具有一定的复杂性，投标人员要注意工作的保密性，避免相关人员恶意串通，从而维持公路工程招投标的公正性，促使公路工程建设项目在达到利益最大化的同时达到效益最大化。

建设市场法律法规体系建设的加强及完善。当下，我国公路工程建设相关的法律法规尚不健全，而要想进一步优化公路工程建设市场，建立健全我国公路工程建设相关的法律法规体系势在必行。就当下我国公路工程建设的现状来看，制定严格、有效的制度对优化建设市场以及促进工程监督的全面实施有着非常重要的意义。一套完整的、科学的、合理的法律法规体系能有效的提高公路工程建设市场的运行效率，确保市场的规范性。体系中的管理方法有利于约束招投标双方，使双方的权利和义务得以明确划分，避免在招投标过程中以及后期合作建设中出现不必要的麻烦或产生不必要的经济损失。

## 四、公路工程中的合同管理

公路工程合同管理的特点。合同是指平等主体之间设立、变更、终止民事权利和义务关系的协议，旨在保护平等主体的权利不受到损害，维护双方的合法利益。公路工程合同主要是在《合同法》的基础上对一些与公路工程建设相关的定义进行总结，从而得出有关合同的定义。公路工程合同的管理目的是使公路工程建设市场规范化，使公路工程项目在竞争激烈的市场经济背景下保证施工质量和效率，顺利完工。除此之外，公路工程合同的风险管理也至关重要。只有对公路工程合同进行科学的管理，才能在最大程度上规避风险。就当今社会的公路工程建设现状下，对道路建设项目合同进行科学、合理的管理和控制是保证公路工程良好市场秩序的重要手段，具有非常重要的意义。

公路工程合同管理的内容与优化。公路工程合同主要对以下两个方面进行管理和控制：项目合同管理，即对项目进行管理时实施的全部过程；单项合同管理，即从交涉商谈合同一直到合同解除这一全过程整体的管理。这两个公路建设管理方面的顺利实施能够使整个公路工程建设项目的进行更加顺利。

在公路工程项目实施过程中，相关合同管理人一定要熟悉合同内容，对合同中的每一条文都要进行充分研究和分析，只有这样，才能在双方合作的过程中高效地解决问题。在洽谈合同的过程中，许多人为了维护自身利益不受损害而会在合同中添加一些专用条款，而这些条款的法律效益一般都会大于通用法律条款的法律效益，因此合同双方要增强法律意识，避免在出现问题时缺乏有利的条款来维护自身利益，致使经济利益受到损害。公路工程合同管理人要对涉及合同的事件进行书面记录。另外，公路工程建设面临一些风险，所以工程质量把关非常重要，同时加强对公路工程合同的科学管理，以便最大程度上规避风险。此外，相关人员一定要对合同的拟定过程严格把关，掌握合同双方的情况，以便在出现问题时可以及时采取措施，降低风险。

综上所述，要想我国公路工程建设能够科学健康地发展，加大对公路建设工程招投标与合同管理的重视程度是非常有必要的。在公路建设工程招投标与合同管理中，只有凭借相关法律体系的规范性和监督性，才可能大大提高公路工程的施工效率和质量，促进我国交通行业的发展。

## 第三节　公路工程招投标阶段的造价管理

从公路工程招投标阶段造价管理依据出发，在总结分析公路工程招投标阶段造价控制原则的基础上，列举了公路招投标阶段的造价管理措施，目的在于提升公路招投标的造价管理水平，提高企业的发展能力。

造价管理是现代化工程建设中较为核心的一个环节，尤其对公路工程而言，投标阶段若不能进行科学有效的造价管理，最终的项目实施会存在较大的经济风险，而项目所要达到的收益也会大打折扣。若能做到科学高效的造价管理，不仅能确保工程施工的经济效益，还能为工程质量打下坚实的基础。

## 一、公路工程招投标阶段造价管理的根据

近年来，我国对公路工程招投标造价的管理逐渐与国际标准相协调，形成了较为合理且适宜的工程量清单计价方式。交通运输部制定了《公路工程基本建设项目概算预算编制办法》（JTG B06—2007），对公路工程建设过程中涉及的项目概算和编制预算等进行了明确的规定；制定了《公路工程预算定额》（JTG/T B06—02—2007），对招投标造价管理过程中产生的损耗进行了限定。如此一来工程造价就有了更为明确的参照标准。需注意的是，涉及的计量单位应严格按照工程量的计算标准来实施且项目的划分也需统一。公路工程在造价方面的价格体制应与时代发展协调一致，确保时新和灵动，还需遵循市场规律，同时要对政策性的调整保持警觉。

## 二、公路工程招投标阶段造价控制原则

客观、实际及市场化原则。如需确保招投标阶段造价控制在遵循市场化准则的基础上更为客观合理，就要对以下问题做出妥善处理。其中对市场的调查、公路工程的特点及计价的掌握无疑是最为核心的内容，务必使其达到精密科学，对项目的具体运行状况也需分析到位。

尊重科学，保证合理性和可操作性。通常情况下，公路工程在招投标阶段有一定的造价管理机制供参照。但要达到有效的控制，应预先评定机制的合理性并使其优点得到最大化。另需注意的是，价格的制定应严格遵循市场变化规律，以避免出现不合理的情况。

总价、单价指标双控原则。公路工程造价管理既要做到全面系统，也要对细节部分做到科学把控。以下情况应引起重视：①一般情况下工程的资金投入会出现浮动，单价的精确性和可靠性就会受到影响；②对招投标阶段各种因素的分析应确保全面详细，还应强调统一，以免出现各阶段报价不平衡的情况；③务必要对涉及的公路工程技术要求及工作量清单引起重视，以确保造价管理不出现疏漏和差错。如果在实际的造价控制过程中能紧密贴合变化情况，进而做出实时的调整，则相应的工作部署会更科学合理。

## 三、公路招投标阶段的造价管理措施

建立健全招投标制度。公路工程的招投标造价管理如能建立完善的制度，必然会得到较高的回报。只有在制度不断得到健全的情况下，相应的造价管理才能获得最大效力。要建立完善且适宜的制度应致力于以下方面：①要确保合法合规，同时应贯彻落实必要的监督，以确保相关工作的稳定高效；②在国家法律法规的基础框架内不断完善相关的管理办法，从而实现对各项工作的全面管控，各个区域的主管部门也要明确对招投标各阶段工作监督的重要性，以达到最佳的管理效果。

加强对招标文件的管理。招标文件是招投标造价管理中较重要的一项内容，其关乎工程施工的效率和质量及工程竣工结算等。因而对其的控制应格外谨慎并使其达到科学合理的状态，以下问题应引起足够的重视：①在对招标文件编制的过程中，要事先对招标项目的具体情况及范围进行系统分析，以免在后续施工中因理解错误出现造价增多的情况；同时还要确保文件编制的准确性，以更为全面真实地反映招投标的具体情况；②招标文件应确保能对材料设备的具体情况有详细准确的说明和分析。

加强财务决策管理。对公路工程的财务管理和日常经营来说，财务决策非常重要。通常情况下，在核算招投标阶段，企业一般都是以利润作为具体工作的出发点，但为了使得这样的布局更为高效，适宜于自身的机制设定也至关重要。与此同时还需事先进行测试和评定，以确保后续长效稳定的发展，产生的报价也会更合理准确。

制定科学合理的强制性标准。项目文件是招投标阶段不可或缺的内容。对于招标，达到工程强制性标准是最为基础的内容，而项目文件就是强制性标准。通常情况下，强制性标准能广泛作用于单位的规模、经营管理的性质及人员的综合素质且作用力较明显。因而招投标阶段在制定强制性标准的过程中，要严格遵守相关的制度性规范，还要考虑外部的一些影响因素，从而为科学合理的强制性标准的制定奠定基础。

选择科学、合理的合同价格形式。合同在招投标阶段的作用也很重要。合同的制定一般会涉及诸多繁杂的条款，如支付相关条款，同时还有一些义务和权利方面的明确限定。需注意的是，合同的管理应做到谨慎严密且要确保其与工程进度的协调统一，从而最大化获取预期的工程效益。

编制合理的工程量清单。工程量清单也是公路工程招标文件中一项重要的量化指标，能使造价设置更为科学合理。工程量清单是招投标过程中招标人提供给投标人的一份文件，以给出项目具体情况的详细说明，如项目的单项细目和工程费等。这也会成为投标人工程量计价的一个参照标准。当然，处于动态控制下的报价更易于达到科学合理的效果。

工程量清单的编制应确保清晰明确，涉及的数据应准确。要使工程在造价控制中获得最佳的效果，编制工程量清单过程中应选择以清单的计价模式实施。

关注投标控制价的编制。招标控制价通常由业主制定。在具体实施的过程中，业主单位需充分参照相关或相同项目施工中的有关数据。就造价资料数据而言，只有在相同项目中标价格得到概算且工程全过程的造价数据得到分析后，才能确保所得出的控制价是科学合理的。业主单位还应具备相关项目管理的经验和能力，在施工出现问题时能对其进行妥善且有效的处理，同时若能充分收集相关的信息，对相关工作的实施也较有利。业主单位还应全面掌握招标工程的具体情况并熟练运用涉及的法律法规。同时应将施工技术、检测标准及相关的制度规范熟记于心，实时观察市场的动态变化。编制工作应保证在规定的时间内完成，由承包商具体负责。承包商应选择经验娴熟的工作人员，从而确保最终得到的编制更为科学精确。

综上所述，公路工程要获得最大的效益回报，务必要在工程的成本管理上做到精准科学，同时使造价管理中涉及的相关责任方和因素达到最为协调稳定的状态，为工程造价的科学管理奠定坚实的基础。

# 第四节　交通公路工程招投标

随着我国社会经济的高速发展，人民生活水平的提高，交通基础设施建设方面也获得了较大发展，尤其是面对当下构建并健全的社会主义市场经济体系，招投标工作作为交通公路建设的关键环节，不仅与交通公路建设的质量紧密相关，而且还直接影响到交通建设单位以及企业的资金投入以及成本控制。本节首先对交通公路工程的招投标现状进行了简要概述，其次深入分析了在招投标过程中的问题，最后针对这些问题提出了一定的解决措施，希望能够基于相关研究人员一定的帮助。

目前，面临着社会交通公路的巨大压力，国家不停加强对交通建设的投资监督力度，交通公路工程建设开始落实招投标体系，进而来提升公路建设竞争的公开性、公平性、透明性。但是，在招投标实践过程中，因为受到诸多不可预测风险的影响，交通公路工程招投标工作还存在许多问题。所以，为了逐步健全交通公路工程招投标体系、为了紧跟时代发展觉得步伐，相关单位一定要将交通公路工程招投标工作摆在重要位置，采用可行性强并且科学合理的方法，不断健全与交通事业招投标工作相关的制度、体系，确保我国交通公路建设的健康持续进步。

## 一、交通公路工程招投标现状

近年来，伴随着我国交通公路工程招投标建设的而相关法律法规的逐步构建、完善和落实，我国与开展招投标工作的每个流程都开始了规范性、科学性、合理性的作业，很大程度上减轻了交通公路的建设压力，有利于不断提升交通公路工的建设质量、实时对工程全过程费用的检测。尽管目前我国的交通公路建设招投标工作取得了一定的发展，但是，该项工作在我国的建立时间不长，面临着诸多的风险因素，仍然存在许多问题。

## 二、交通公路工程招投标过程的问题

在招标阶段的问题。在招标阶段主要存在两个方面的问题：故意排斥潜在投标人以及虚假公开招标。前者有两种情形：首先，投标人的招标文案以及在资格预审阶段有意设定高要求，有意让投标者知难而退，或者依据自身的倾向，设置符合内定投标人的要求，让中标人成为提前内定或者自身满意的投标人。其次，有意减少报名期限，造成潜在投资商不能知晓，错过报名时间。而后者虚假公开招标的主要形式如下：投标人之间进行利益协作、相互串通，排斥其他的招标人，使得中标人为利益提供者；部分工程建设企业指定施工承包商；招标人与投标人之间事先协定好招投标过程，蓄意伪造出虚拟的公开招标活动；工程建设单位内定施工单位，让工程承包商依据招投标流程，与其他工程承包商相互串通，来获得预期结果。

与评标相关的问题。与评标相关的问题主要体现在以下三个方面：第一，项目评分分值不统一。因为对于不同的交通公路工程项目的具体评分项目分值存在不同，例如，部分工程项目依据工程承包商的技术水平评分，而其他的依据施工单位可否缩减工期来决定，因此缺乏统一、标准的评分项目分值分布，无法准确评定工程的全部的项目。第二，评标办法约束条件多。目前采取最为广泛的办法为综合评标法，该方式即使能够及时高效地控制工程造价，但是极容易导致招投标的各个环节被诸多因素的干扰，如，开标、评标以及定标。另外，编制人的编制水平和建设技术等因素，无法准确表述施工全过程所需的预算或者工程造价。第三，评委会有失公平性。在交通公路工程评标阶段中，随机组建或构成的评标委员会，在人员安排上极不合理，极易造成评标人根据自身利益和喜好来进行评分，容易造成串通事件的发生，因而影响招投标工作的公平性。

## 三、完善交通公路工程招投标的对策

健全招投标相关制度。健全招投标的相关制度可以从两个方面进行：第一，健全招投标责任制度。在交通工程招投标阶段中，相关人员应该严格按照新时期竞争原则，遵纪守法，不断健全招投标责任制度，将每项任务落实给具体部门的有关责任人，责任人再进行工作的精细化分配，实现工程责任的具体落实；第二，完善招投标的管理体系。完善招投标整个过程的管理控制体系，保证交通公路工程的招投标工作的良好竞争环境。另外，监管部门应该加强对交通工程招投标阶段的监管督查力度，防止出现暗箱操作、弄虚作假的行为，一旦出现应立即处理违法行为，保证监管单位权责分明。

构建招投标惩处机制。因为交通公路工程的招投标工作涉及内容广泛，因此很容易导致各种违规违法行为滋生，所以构建招投标惩处机制是符合时代发展需要的产物。交通公路工程以及交通运输管理部门必须构建招投标信用额度体系以及信用公示制度，实现对招投标阶段中所出现的围标、陪标、恶意投标等违法违规行为开展信用额度的扣减并且给予公布。加强对虚假招投标行为的处罚力度，构建信用额度处罚以及经济利益惩处相结合的体系，提升相关企业和单位的违法成本，依据情节严重程度，进行对应的处罚，必要时可以吊销违法企业的投标资格，规定期限中禁止参与招投标活动。

推广合理低价中标。合理低价招标是国际通用的招投标体系，该方式规定招标人无法设置标底并且不公布标底，一旦招标文件符合条件，中标者就是评标价最低人，这种方式极大排除各种人为因素，可以有效的避免招投标过程中的非法行为。另外，低价中标者给出的工程造价不可少于招标人所提供的中标成本，因为建设项目相同的施工单位由于各种条件的优异，可以实现最大化降低工程成本，及时低价中标单位的工程造价低于招标人的工程成本，也可以提前进行资格核实、监察工程监管力度等方式来规避此类风险产生。

综上所述，由于交通公路工程招投标工作的繁杂性以及系统性，构建公正、规范、科学的招投标体系是十分有必要的。交通公路建设单位以及企业要想获得较大的经济效益、促进企业的持续稳定发展，就应该根据招投标体系来开展各项工作，健全招投标相关制度、构建招投标惩处机制的同时，推广合理低价中标，聘请技术水平高、管理水平高的投标人来开展工程建设，切实提高工程的建设水平，不断推动我国交通工程事业的发展。

# 第五节　公路工程招投标工作的关键环节

对于公路建设行业来说，目前正处于发展的黄金时期，但受一些外界思想以及公路建设方式改变的影响，现阶段公路工程的招投标工作存在一些关键问题，本节就一些关键问题进行阐述分析，以提高招投标工作的质量。

## 一、招标、投标文件的编制

招标文件的编制。对于招标文件的编写，因为是面向社会公开招标，为了保障以后工程的施工质量，应该严格选择项目承包商，并且也应该使承包商对所招标的工程项目有充分的了解，这就要求招标文件的编写工作中，应包含对于工程项目的详细介绍，包括所招标工程项目的地理位置、周围环境以及工程情况等。在保证相关机密信息保密地前提下，应给投标单位提供全面地信息，以便做到公平竞争。其中应包括公路工程招标项目的大致情况，周围环境，投资形式以及工作的体量的大小等。另外，在招标文件内还应明确地写出评标细则以及打分的标准。最后，有些项目较为特殊会有些特定的要求，也应该写明。总而言之，要保障投标单位全面的了解信息，相关资料都应给投标单位提供，使招标文件具备较高水平。

投标文件的编制。在我国，投标文件的编写要依据相关文件以及招标单位所发布的招标文件。编写投标书前，应该深入综合地了解招标项目的相关信息如合同条款、施工要求等内容。

投标单位在编写投标文件时应注意以下几点：首先，对于投标文件的编写不应该只着眼于一些表面的形式例如盲目地套用一些技术规程、规范，而脱离实际，而应多考虑后续的管理工作、施工安排、资源的配置，还应考虑如何高质量地完成项目？如何节约成本减少投资、施工过程中如何保障安全等？这样才能根据多方面对于实际情况的考虑写出高水平的投标文件。尤其需要注意地是，对工程项目地报价的过程，应该谨慎细致地逐项计算，凡是按照相关规定应该计费地，都应涵盖，这是基础工作，在此基础上，还应考虑一些其他相关方面。例如，应仔细审阅设计文件以及招标的要求，做好实地考察工作并考虑周围环境的影响，掌握相关的评标方法，还应考虑到价格也会发生变动，从而合理的确定报价。

其次，还应注意投标文件中所列的人员管理问题，因为，现在市场上经常存在的问题是投标书中所列人员配置经常在中标后会发生变动，一人多职的情况经常发生。因此，这一问题需要着重关注，招标单位在投标之间确认自己的人员配置，确保在签订合同后，投标书中的主要人员到位，需要重点注意的职位是项目经理，应为在一个项目中，项目经理往往承担着较为关键的责任，应确保项目经理有足够的能力，最好选择业主所认可具备能够胜任此职的人员。对于其他担任关键职位的人员，若发生由于种种原因不能到位的情况，应及时与招标单位协商，更换为具备同等条件或高于原定人员的，经过对方同意后，在执行相应的手续完成人员的更换。但仍应该保证人员的更换尽量数量不能太高。

## 二、确定合理的评标标底和评标细则

现阶段，在公路工程的招标中，主要评标办法有，合理低价法、综合评估法、经评审的最低投标价法。

合理低价法评标办法直接采用唱标的形式，通过资格审查，商务报价最低的竞标者即可成为第一中标候选人，但是价格不能随意设定。

综合评估法是在开标以后，按照评标办法进行量化评分，可以将各种商务、技术评标因素转化为价格调整因素，对价格以外的评议因素进行综合评议，其中这种方法设置很多决定因素，各个因素所占的比例不同，通过综合打分，得到评标结果。

经评审的最低投标价法是评标委员会根据招标文件中规定的评标价格进行调整，中标人应满足投标文件中的要求以外，并且评标委员会不需要对中标者的技术部分进行价格折算。

## 三、评审专家的要求

评审专家在招投标工作中起着为招标单位把关的作用，在整个流程中，承担的责任较为重要，这也就对评审专家提出了相对较高的要求。作为一名合格的评审专家，应具备全面的知识，包括国家以及此行业所制定的规定，不仅如此，评审专家还应以身作则，秉持"公平、公开、公正"的原则，对于评标纪律如相关机要文件的保密工作等也应遵守。为了避免由于专家的问题而产生的评标不公正现象，还应加强监督工作，相互制约，使评出的结果令业主、专家、社会满意，选到有信誉、能力强的承包商，这样才能使工程项目较好的完成。

另外，对于评审专家来说，由于短时间的工作量过大，不可避免地会出现疏漏相关投标文件的情况，以至于影响到最终的评分。为了解决此类问题，首先应该对评标办法以及基准进行一定程度的简化，使量化指标明确，减少因个人经验而做出判断的情况，这样既减轻了评审专家的负担，也有利于提高评审工作的客观性。还应在评审专家审阅之前，由相关校对人员，仔细将投标文件以及招标文件中的每一条款进行对比，在对比过程中，发现投标文件中有表述不清或是与招标文件相异的情况时，应进行统计、标注，方便评审专家查阅。在以上清标工作的基础上，每位评审专家应仔细核对清标的结果，并按照规定的扣分标准进行打分，必要的还应与其他评审专家进行讨论。最后，评审专家组长应发挥自己的主导作用，根据各评审专家所提出的意见做出自己的判断，并按照相关的文件做出总结，为了保证整个评标工作的公正公开公平，还应组织各评审专家以及业主开会，在现场公示各评审专家的打分情况，并说出相应的理由。

综上所述，招投标工作应落实相关的法律法规，始终秉持公平公开公正的原则，这样才能更好地完成施工项目，促进整个行业健康的发展。

# 第六节　公路工程招投标工作的法律法规

随着实践的不断发展，招投标工作出现了许多新情况和新问题。由于《招标投标法》的有些规定较为原则，缺乏必要规范，不能很好地指导具体的工作。例如，对资格审查、评标等程序规定得较为原则，对于限制或排斥潜在投标人、围标、串标、以他人名义投标等违法行为，缺乏具体认定标准，实际工作中很难查处。针对以上情况，各部门、各地方采取了一些措施，但由于缺乏上位法律依据或者受立法效力层次的限制，效果不明显。

## 一、法律依据

为了规范招标投标活动，1999 年 8 月 30 日第九届全国人民代表大会常务委员会第十一次会议通过并发布了《中华人民共和国招标投标法》，于 2000 年 1 月 1 日起施行。《招标投标法》作为招投标领域的根本大法，对招投标工作具有深刻的指导意义，对规范招标市场秩序发挥了重要作用。

《招标投标法》颁布实施后，为做好本部门、本地区招投标工作，国务院有关部门和各地方陆续出台了招投标地方性法规、规章和规范性文件，为依法规范招投标活动提供了制度保障。但由于大多数配套文件在制定过程中缺乏必要的协调，客观上造成了规则不统一，不利于招投标统一大市场的形成。

规范有力的监督是招投标法律制度得以顺利执行的重要保障。《招标投标法》对行政监督的规定较为原则，实践中行政监督缺位、越位与错位的现象同时存在，另外，当事人投诉渠道也不够畅通，投诉处理机制不够健全。

## 二、行政法规

在上述背景下，国家发布了《关于贯彻落实 2007 年反腐倡廉工作任务进一步加强工程建设招投标监督管理工作的意见》，并在文件中提出了"抓紧制定和上报《招标投标实施条例（草案）》"的要求。2011年11月30日国务院第183次常务会议通过并公布了《中华人民共和国招标投标法实施条例》，于2012年2月1日起施行。

首先，《条例》就招标投标各环节，从开始招标到评标甚至合同签订过程均作了比较细致明确的规定，将以前的法律规定进一步具体化，增强了可操作性。比如《条例》对可以邀请招标和不招标的情况给出了清晰界定；明确了资格预审文件、资格预审申请文件、招标文件、投标文件的发售时间、提交时间、提出异议时间等。

其次，《条例》对很多原先法律规定比较笼统、实践中难以认定和处罚的几类典型招投标违法行为进行了明确的认定，并且与《招标投标法》衔接，进一步强化了这些违法行为的法律责任。如对招标人以不合理条件限制、排斥潜在投标人详细说明（第32条），对何为串通投标行为进行了明确的规定（第39条、第40条、第41条）。

再者，针对监督及投诉的诸多问题，国务院办公厅发布了《国务院办公厅关于进一步规范招投标活动的若干意见》（国办发 [2004]56 号），明确要求各部门严格按照国务院规定的职责分工，加强和改进招投标行政监督工作。《条例》的实施正式落实国办发 [2004]56号文件要求，切实改变招投标行政监督不规范的状况。

总之，《条例》的颁布在行政法规层面对招投标配套规则进行了整合提炼，促进招投标规则统一，增强招投标制度的可操作性。此后的很长一段时间，各部门、各地方均对涉及招标投标的地方性法规、部门和地方政府规章以及规范性文件进行了全面清理、修改、废止或出台新的配套规定。

## 三、部门规章

作为对《招标投标法》和《实施条例》的补充，以及对交通工程招标投标工作的指导，2015年12月2日经第23此部务会议通过，《公路工程建设项目招标投标管理办法》（中华人民共和国交通运输部令2015年第24号，以下简称《管理办法》）出台，于2016年2月1日起施行。

原交通部曾于1989年首次发布《公路工程施工招标投标管理办法》，并于2002年、2006年进行了2次修改，期间，陆续发布了《公路工程施工监理招标投标管理办法》《公路工程勘察设计招标投标管理办法》《公路工程施工招标资格预审办法》等文件。作为最先施行招投标制度、最早全面开放建设市场的行业之一，交通运输行政主管部门一直紧遵上级相关法律法规的规定，紧跟时代的发展持续不断的完善、改进，以适应新的要求新的形势。

《管理办法》出台后，针对招投标工作有以下几点重大变化：

首先，公告发布时要同步公开招标文件的关键内容，包括资格条件及评标办法；评标结果公示时要公开中标候选人的关键信息，包括企业业绩、报价、排名、主要人员的姓名和资历等；评标关键信息要公示，包括评标得分、所有否决投标的单位名称、原因以及对应的条款；此外，行政主管部门的投诉处理决定、招投标当事人的不良行为信息均应作为公开内容在相关网站公示，接受全社会的监督。

其次，《管理办法》规定除特别复杂的特大桥梁和特长隧道项目，在投标阶段，投标人只需要填报主要人员，如设计负责人、总监理工程师、项目经理和项目总工等，其他管理和技术人员的具体人选由招标人和中标人在合同谈判阶段确定。这一规定，能够减轻投标人的压力，无须在投标阶段确定全部人员；另一方面，也避免了以往在投标阶段投入的人员无法在合同实施期间到位的问题。

再者，《管理办法》明确了公路工程建设项目采用公开招标方式的，原则上应采用资格后审。采用资格后审的施工项目，勘察设计、施工监理项目应当采用双信封形势密封投标文件。如此一来，通过资格审查的投标人在评标之前均处于未知状态，招标人和投标人均无法确定最终参与投标的有效投标人及其数量，则很大程度上防止了投标人之间的串标行为，也有效的避免了投标人于招标人之间的串通。此外，《管理办法》就施工评标新增了技术评分最低标价法，即通过综合评分的方法选出排名在一定数量之内的投标人，再按其评标价由低到高的顺序推荐中标候选人。这种评标办法在避免围标、串标的基础上，更有利于招标人选择到综合实力优、管理水平高的中标人，能够充分体现招标投标的公平且择优的原则。

《管理办法》的出台，进一步完善了现有的公路工程建设项目招标投标制度，使公路工程的招标及投标工作更具有可操作性。《管理办法》出台的同时，清理和废止了一批已经不适用的规章及规范性文件，完善了公路工程建设项目的招投标法规体系。

# 第七节　公路工程招投标阶段的风险分析与管理

随着工程市场的迅速发展，建筑行业竞争日益激烈。工程项目由于具有很大的风险，因此造成很多项目的失败。业主和承包商的管理水平的高低，直接取决于工程招投标阶段的风险管理。由于招投标阶段的活动行为后果直接影响到后来的工程项目的实施。对此，笔者认为必须对招投标阶段进行风险分析，并采取相应的管理措施，从而避免风险，有利于承包商进行准确报价和对风险采取有效的对策和计划，有利于项目目标的实现。

## 一、公路工程招投标风险分析

### （一）自然环境风险分析

自然环境风险包括雷电、台风、火灾、地震等不可抗拒自然力，以及不明的水文气象，工程地质条件、气候等都是潜在的风险因素。起草招标文件时，招标人应考虑到这些因素，对这些自然环境的级别加以界定，并且要求承包商也要考虑到这些因素对工程的影响。在工程实施过程中，如何分担由不可抗力引起的风险是一个重要问题。一般情况下，这类因素引起的风险由合同主体一起承担，承包商得到额外的补偿。

## （二）设计技术风险分析

工程设计是工程建设实施的基础，如果没有一个合理的工程设计方案，工程招投标及合同就无从谈起。在工程建设中，经常遇到设计变更的问题。这种情况很容易引起工程索赔，所以在工程招投标前，必须有一个完善的工程设计。只有确定了设计方案，才能避免设计阶段的风险。因此，在进行招投标之前，应把设计方案是否确定作为一个影响工程风险分析的重要因素。

## （三）施工技术风险分析

由于任何施工方案都不能保证没有变更及索赔，所以，在设计方案确定的前提下，必须认真研究施工方案。每一个施工方案，都有其自身的缺点和优点，业主必须结合具体情况，对施工方案中存在的风险进行考虑和评估。需要注意的是，当采用新的施工方法和技术时，会大大增加工程的风险，因而，在确定采用新技术或者施工方法时，必须进行反复研讨，分析其优缺点。

## （四）政治社会风险分析

项目管理人员不仅要有足够的自然科学知识，还应具备政治头脑。例如，某个工程已经招标完成，单此时政府投资方却感觉工程规模过大，要求调整规模，而工程开标半年以后仍未定标，投标书早已超出了投标有效期，比如饮水项目的招标工作业已完全，但是由于连续几年的干旱天气，河流断水，从而被迫终止项目。按相关法律规定，在出现这些情况下，招标方必须给予投标方一定的经济补偿。从以上事实可以看出，在进行招投标时，必须考虑政治社会风险。

## （五）合同风险分析

工程合同是对项目进行全面风险管理的主要依据。应综合考虑各方面的因素，选取合适的合同计价方式。需要考虑的因素有：建设工程的特点，招标人对筹建工作的设想，对工程费用、工期和质量的要求等。项目的管理者平时应树立起风险意识，在起草合同文件时，必须对每一个条款进行分析与风险管理，全面了解到项目可能遇到的风险因素，从而避免风险带来的危害。

选择合适的计价形式。根据工程自身的特点，选择不同合同计价类型，降低工程的合同风险。比如，对于工程量变动不大，施工工艺比较成熟，且施工调教比较好的工程，其风险量比较小，可以选择固定价的合同方式，使承包商能在投标时投出较低的价格。对于工程量变化较大的项目，采取可调价合同，在工程量可能变化的幅度范围内采取不同的结算单价。

当在招标阶段，建材市场的材料价较高时，由于招标阶段与工程的具体实施阶段存在一个时间差，材料价格较高时，这段时间内材料价格降低的可能性较大，而继续涨价的可能性较小，所以一定要在合同增加材料调价条款。

当工程内容及技术经济指标尚未完全确定，投标报价的依据尚不完全确定的情况下，招标人因工期要求紧迫，必须发包的工程，以及招标人与承包人之间有着高度的信任，承包人在某些方面具有独特的技术、特长或经验。当签订此种合同时，招标人不能提供为承包人准确报价所必需的资料，承包商无法准确报价，因此，在合同内只能选择酬金的计算方法，即成本加酬金的方式。但是这种合同的缺点明显：招标人不能有效地控制工程造价；承包商缺乏降低成本的意识。因此，采用这种合同计价方式时，其条款必须非常严格。

## 二、风险管理

由于建设工程自身特点，以及外部的复杂因素的影响，工程担保并不能担保及转移建设工程的所有风险。并且由于这些特点，在实际的工程实践中，认识与识别工程风险实践中也存在很多的困难。

合同风险。工程承包合同中，一般都有风险条款和一些明显地或隐含地对承包商不利的条款。合同风险分析应重点分析这些有风险的条款。承包合同的风险主要有：合同中有明显规定承包商应承担的风险。例如，合同中明显规定了工程变更在 5% 的合同金额内时，承包商不会得到任何补偿，如果在工程量的 5% 范围内增加工程变更，则会给承包商带来直接风险。再有就是合同中的双方债权关系表述不清楚所带来的风险。如果出现这样的合同，则很可能会导致在合同的执行过程中双方发生分歧，最终的损失由承包商承担。比如，合同中没有明确规定业主对承包商拖欠工程款的管理办法，以及对一些具体出现的事情不做具体规定，而是采用协商解决等这样的表述。承包商应特别注意这些风险条款，避免由此带来巨大的经济损失。再有就是业主为转移风险所单方面提出的责权利不平衡的合同条款。如果合同中出现"业主对由于第三方干扰造成的工程拖延不负责任"等这样的规定，实际上就是把自己的责任转嫁给了承包商。

承包商的风险管理。对招标文件进行分析的主要内容是投标人须知。对此分析后，可以掌握工程项目的情况、招标过程中的各项要求，从而做出相应的安排。而且通过分析投标人须知，也可以使承包商了解到相应的投标风险，并结合承包商的具体情况，以及当前公路工程的形式，来决定是否投标。

技术文件分析。即对工程的图纸设计进行会审，并复核具体工程量，从而掌握到准确的工程范围、质量标准、技术要求。在此基础上进行施工组织设计，安排劳动力，做好各种材料、构件的供应采购计划。

合同文本分析的主要内容是合同协议书和合同条件。合同文本的最基本要求是内容完整、定义清楚、平等互利。对合同文本进行分析，一般从下面着手：合法性分析主要是判断当事人主体资格是否合法，发包人是否具有发包工程，以及签订合同的能力；工程项目是否满足招投标的条件；承包合同的内容是否依据法律的规定进行制定。完备性分析是分析承包合同是否具有完备性，主要包括相关的合同文件是否齐全和合同条款是否齐全、完整。然后对合同条款的权债利是否平等进行分析。合同中的权力与利益必须分配公平。合同双方的责任与权力存在着制约的关系。一方的合法权利必须是另一方的义务。如果一方享受一项利益，那么另一方必须存在一种责任。

工程担保。工程担保是目前防范风险的最基本、最有效的手段。招标人必须分阶段实施工程担保，一般分为以下几个阶段：招投标阶段的投标担保；工程实施初期的预付款担保；合同执行过程中履约担保；工程保修期的保修担保。为了解决拖欠工程款问题，政府设立了业主支付担保，从而保证了工程项目中施工企业的权益。因此，在招投标阶段，必须精心制定这些属于工程承包合同的从属合同的内容。

投标担保。投标担保具体方式可由招标人在招标文件中规定，一般有银行保函、担保公司担保书、投标保证金等几种方式。如果使用投标保证金方式，招标人应当在与中标人签订合同5个工作日内，向所有参与投标的投标人退回投标保证金。除不可抗拒因素外，当投标人出现以下几种情况或者行为时，保证金将不予退回：在招标人规定的有效投标期内，投标人撤销或修改其投标文件；由于无正当的理由，中标人在收到中标通知书后，拒绝签合同协议书或未按招标文件规定提交履约担保。对于实行合理低价中标的，可与第二标投标价格进行差额补偿；除不可抗拒因素外，招标人不与中标人签订工程合同的，招标人应当按照投标保证金的两倍返还中标人。

预付款担保。预付款担保是为了防止出现承包人由于某些原因不能按照合同内容完成相应的工程项目而采取的一种担保措施。比如，由于承包人经营不善或者在过程中挪用预付款等原因。预付款担保的有效时间为发包人支付预付款之日至发包人向承包人收回全部工程预付款，担保额可根据预付款扣回情况而递减。

承包商履约担保。履约担保一般有以下几种形式：银行保函、担保公司担保书、履约保证金，当然也可以由实力强、信誉好的承包商为其他承包商提供履约担保。

如果实行履约保证金，必须按照《招标投标法》的相关规定执行。《招标投标法》中规定："招标文件要求中标人提供履约保证金的，中标人应当提交"，"中标人不履行与招标人订立的合同的，履约保证金不予退还，给招标人造成的损失超过履约保证金数额的，还应当对超过部分予以赔偿"。

在履约担保期间，如果是非业主的原因，承包商不履行合同中规定的义务，那么必须由担保人承担合同中规定的承包商的义务：例如，为了使承包商能够继续履行其义务，担保人应向该承包商提供资金、设备、技术等方面的援助；担保人直接接管该工程或者另觅经业主同意的其他承包商，并按照原合同支付工程款给承包商或者担保人；按照合同中的相关内容，对业主所遭受的损失进行赔偿。

综上所述，公路工程中招投标阶段的风险影响因素多，难以准确地分析出其风险。但是这直接影响到业主和承包商的各方面利益，所以，风险分析是业主和承包商在招投标阶段工作的核心内容，必需根据工程的实际情况，进行细致的分析，全面掌握可能遇到的风险及其程度，采取合理的手段对其进行预测与预防，把风险损失降到最低。

# 第八节　合理低价法在公路工程招投标中的应用

随着工程市场的迅速发展，建筑行业竞争日益激烈。工程项目由于具有很大的风险，因此造成很多项目的失败。业主和承包商的管理水平的高低，直接取决于工程招投标阶段的风险管理。由于招投标阶段的活动行为后果直接影响到后来的工程项目的实施。对此，笔者认为必须对招投标阶段进行风险分析，并采取相应的管理措施，从而避免风险，有利于承包商进行准确报价和对风险采取有效的对策和计划，有利于项目目标的实现。

## 一、公路工程招投标风险分析

自然环境风险分析。自然环境风险包括雷电、台风、火灾、地震等不可抗拒自然力，以及不明的水文气象，工程地质条件、气候等都是潜在的风险因素。起草招标文件时，招标人应考虑到这些因素，对这些自然环境的级别加以界定，并且要求承包商也要考虑到这些因素对工程的影响。在工程实施过程中，如何分担由不可抗力引起的风险是一个重要问题。一般情况下，这类因素引起的风险由合同主体一起承担，承包商得到额外的补偿。

设计技术风险分析。工程设计是工程建设实施的基础，如果没有一个合理的工程设计方案，工程招投标及合同就无从谈起。在工程建设中，经常遇到设计变更的问题。这种情况很容易引起工程索赔，所以在工程招投标前，必须有一个完善的工程设计。只有确定了设计方案，才能避免设计阶段的风险。因此，在进行招投标之前，应把设计方案是否确定作为一个影响工程风险分析的重要因素。

施工技术风险分析。由于任何施工方案都不能保证没有变更及索赔，所以，在设计方案确定的前提下，必须认真研究施工方案。每一个施工方案，都有其自身的缺点和优点，业主必须结合实际的具体情况，对施工方案中存在的风险进行考虑和评估。需要注意的是，当采用新的施工方法和技术时，会大大增加工程的风险，因而，在确定采用新技术或者施工方法时，必须进行反复研讨，分析其优缺点。

政治社会风险分析。项目管理人员不仅要有足够的自然科学知识，还应具备政治头脑。例如，某个工程已经招标完成，单此时政府投资方却感觉工程规模过大，要求调整规模，而工程开标半年以后仍未定标，投标书早已超出了投标有效期，比如饮水项目的招标工作业已完全，但是由于连续几年的干旱天气，河流断水，从而被迫终止项目。按相关法律规定，在出现这些情况下，招标方必须给予投标方一定的经济补偿。从以上事实可以看出，在进行招投标时，必须考虑政治社会风险。

合同风险分析。工程合同是对项目进行全面风险管理的主要依据。应综合考虑各方面的因素，选取合适的合同计价方式。需要考虑的因素有：建设工程的特点，招标人对筹建工作的设想，对工程费用、工期和质量的要求等。项目的管理者平时应树立起风险意识，在起草合同文件时，必须对每一个条款进行分析与风险管理，全面了解到项目可能遇到的风险因素，从而避免风险带来的危害。

选择合适的计价形式。根据工程自身的特点，选择不同合同计价类型，降低工程的合同风险。比如，对于工程量变动不大、施工工艺比较成熟、且施工调教比较好的工程，其风险量比较小，可以选择固定价的合同方式，使承包商能在投标时投出较低的价格。对于工程量变化较大的项目，采取可调价合同，在工程量可能变化的幅度范围内采取不同的结算单价。

当在招标阶段，建材市场的材料价较高时，由于招标阶段与工程的具体实施阶段存在一个时间差，材料价格较高时，这段时间内材料价格降低的可能性较大，而继续涨价的可能性较小，所以一定要在合同增加材料调价条款。

当工程内容及技术经济指标尚未完全确定，投标报价的依据尚不完全确定的情况下，招标人因工期要求紧迫，必须发包的工程，以及招标人与承包人之间有着高度的信任，承包人在某些方面具有独特的技术、特长或经验，当签订此种合同时，招标人不能提供为承包人准确报价所必需的资料，承包商无法准确报价，因此，在合同内只能选择酬金的计算方法，即成本加酬金的方式。但是这种合同的缺点明显：招标人不能有效地控制工程造价；承包商缺乏降低成本的意识。因此，采用这种合同计价方式时，其条款必须非常严格。

## 二、风险管理

由于建设工程自身特点，以及外部的复杂因素的影响，工程担保并不能担保及转移建设工程的所有风险。并且由于这些特点，在实际的工程实践中，认识与识别工程风险实践中也存在很多的困难。

合同风险。工程承包合同中，一般都有风险条款和一些明显地或隐含地对承包商不利的条款。合同风险分析应重点分析这些有风险的条款。承包合同的风险主要有：合同中有明显规定承包商应承担的风险。例如，合同中明显规定了工程变更在5%的合同金额内时，承包商不会得到任何补偿，如果在工程量的5%范围内增加工程变更，则会给承包商带来直接风险。再有就是合同中的双方债权关系表述不清楚所带来的风险。如果出现这样的合同，则很可能会导致在合同的执行过程中双方发生分歧，最终的损失由承包商承担。比如，合同中没有明确规定业主对承包商拖欠工程款的管理办法，以及对一些具体出现的事情不做具体规定，而是采用协商解决等这样的表述。承包商应特别注意这些风险条款，避免由此带来巨大的经济损失。再有就是业主为转移风险所单方面提出的责权利不平衡的合同条款。如果合同中出现"业主对由于第三方干扰造成的工程拖延不负责任"等这样的规定，实际上就是把自己的责任转嫁给了承包商。

承包商的风险管理。对招标文件进行分析的主要内容是投标人须知。对此分析后，可以掌握工程项目的情况、招标过程中的各项要求，从而做出相应的安排。而且通过分析投标人须知，也可以使承包商了解到相应的投标风险，并结合承包商的具体情况，以及当前公路工程的形式，来决定是否投标。

技术文件分析。即对工程的图纸设计进行会审，并复核具体工程量，从而掌握到准确的工程范围、质量标准、技术要求。在此基础上进行施工组织设计，安排劳动力，做好各种材料、构件的供应采购计划。

合同文本分析的主要内容是合同协议书和合同条件。合同文本的最基本要求是内容完整、定义清楚、平等互利。对合同文本进行分析，一般从下面着手：合法性分析主要是判断当事人主体资格是否合法，发包人是否具有发包工程，以及签订合同的能力；工程项目是否满足招投标的条件；承包合同的内容是否依据法律的规定进行制定。完备性分析是分析承包合同是否具有完备性，主要包括相关的合同文件是否齐全和合同条款是否齐全、完整。然后对合同条款的权债利是否平等进行分析。合同中的权力与利益必须分配公平，合同双方的责任与权力存在着制约的关系。一方的合法权利必须是另一方的义务。如果一方享受一项利益，那么另一方必须存在一种责任。

工程担保。工程担保是目前防范风险的最基本、最有效的手段。招标人必须分阶段实施工程担保，一般分为以下几个阶段：招投标阶段的投标担保；工程实施初期的预付款担保；合同执行过程中履约担保；工程保修期的保修担保。为了解决拖欠工程款问题，政府设立了业主支付担保，从而保证了工程项目中施工企业的权益。因此，在招投标阶段，必须精心制定这些属于工程承包合同的从属合同的内容。

投标担保。投标担保具体方式可由招标人在招标文件中规定，一般有银行保函、担保公司担保书、投标保证金等几种方式。如果使用投标保证金方式，招标人应当在与中标人签订合同5个工作日内，向所有参与投标的投标人退回投标保证金。除不可抗拒因素外，当投标人出现以下几种情况或者行为时，保证金将不予退回：在招标人规定的有效投标期内，投标人撤销或修改其投标文件；由于无正当的理由，中标人在收到中标通知书后，拒绝签合同协议书或未按招标文件规定提交履约担保。对于实行合理低价中标的，可与第二标投标价格进行差额补偿；除不可抗拒因素外，招标人不与中标人签订工程合同的，招标人应当按照投标保证金的两倍返还中标人。

预付款担保。预付款担保是为了防止出现承包人由于某些原因不能按照合同内容完成相应的工程项目而采取的一种担保措施。比如，由于承包人经营不善或者在过程中挪用预付款等原因。预付款担保的有效时间为发包人支付预付款之日至发包人向承包人收回全部工程预付款，担保额可根据预付款扣回情况而递减。

承包商履约担保。履约担保一般有以下几种形式：银行保函、担保公司担保书、履约保证金，当然也可以由实力强、信誉好的承包商为其他承包商提供履约担保。

如果实行履约保证金，必须按照《招标投标法》的相关规定执行。《招标投标法》中规定："招标文件要求中标人提供履约保证金的，中标人应当提交"，"中标人不履行与招标人订立的合同的，履约保证金不予退还，给招标人造成的损失超过履约保证金数额的，还应当对超过部分予以赔偿"。

在履约担保期间，如果是非业主的原因，承包商不履行合同中规定的义务，那么必须由担保人承担合同中规定的承包商的义务：例如，为了使承包商能够继续履行其义务，担保人应向该承包商提供资金、设备、技术等方面的援助；担保人直接接管该工程或者另觅经业主同意的其他承包商，并按照原合同支付工程款给承包商或者担保人；按照合同中的相关内容，对业主所遭受的损失进行赔偿。

逶迤的剥蚀丘陵、丘岗多低矮，海拔小于 85 m，一般 25-45 m。坡面较平直，坡脚 15° -30° 。岗顶呈椭圆状，面积数十至数百平方米，多有 5-30 cm 厚的松散堆积物覆盖。火成岩及砂岩构成的丘岗，坡面较陡；灰岩丘陵则岗脊陡峭，坡面起伏，溶沟、溶槽、溶洞及溶蚀漏斗等发育；红层构成的丘岗则岗顶平缓，坡脚较小，坡脚不明显。

# 第三章　公路工程施工项目管理

## 第一节　公路工程施工项目的精细化管理

管理水平是企业提高核心竞争力的关键，它对企业提高生产效率与经济效益、构建企业员工激励与管理机制，具有非常重要的指导意义。精细化管理在各行各业得到广泛应用，公路施工企业也不例外，公路工程施工周期长、工程量大，施工现场粗放式管理已然落伍，公路建设企业从细节着眼，实施精细化管理，构建科学合理的施工项目管理体系，为公路工程项目的顺利完成提供保障机制。

对公路工程施工项目进行精细化管理就是利用一些先进的技术和手段对整个公路工程的施工项目进行系统化、规范化以及完善化的管理，精细化管理是介于常规管理理念与管理技术之间的一种管理体系。精细化管理和其他管理有所不同，精细化管理能够保证工程的每个环节都是在精细化管理下进行的，有力地推动了整个管理系统快速高效的运行。公路工程施工项目引用精细化管理模式，不仅可以解决目前公路工程管理当中存在的各种问题，而且还能够促进公路工程施工项目向着多方面健康有序的发展。在公路工程施工当中应用精细化管理对整个施工项目来讲能够起到以下几方面的作用：第一，精细化管理能够起到把公路工程当中的安全隐患降至最低的作用，通过精细化管理的应用提前做好预防工作、监督工作以及工程完工后的检查工作，对这三个环节的进行采取有效的控制使其能够相互协调与配合。第二，精细化管理的应用不仅有助于工程建设对于施工进度的控制与管理，而且还能保证公路工程的在施工当中的效率和质量，精细化管理这种高效节约的特点极大地推动了公路工程建设的进步与发展。第三，精细化管理不仅能够合理的对资源进行配置而且还能够使资源最大化的发挥作用。

### 一、公路工程施工项目的精细化管理

工程项目实施精细化管理，就是通过建立科学合理的项目管理机制，有效控制工程进度和资金的使用，提升项目的整体执行力和实施质量，提高企业的运营管理能力和效益。实施、推动工程项目精细化管理，主要包括以下方面的工作；

## （一）进度控制

为了保证工程如期竣工，必须做好施工计划，控制好计划实施的执行进度，在进度控制方面应用精细化管理，具体包括以下四点：首先，分解项目，即有效分解项目，将工期时间控制好，确保工程顺利展开；其次，责任落实，即将分解的工作分至各个部门甚至班组，并实施责任制，以及制定工程目标，然后依据施工方案的不同，采取对应的管控与交接；然后，明确计划、控制进度。根据公路工程施工项目的特点，有效的划分阶段，并明确各阶段的施工计划，对施工进度加以控制；最后，细化进度并及时纠正偏差。结合施工进度与实物工程量等，细致地划分施工时间，若发现偏差，应及时纠正，确保计划如期进行。

## （二）成本管理

成本管理是精细化管理的一项重要内容，在公路工程施工时应从设备、材料以及人员等入手，对成本加以控制。具体表现为三点：首先，设备在公路工程占据重要地位，或购买、或租赁，均需对成本进行有效控制，将所需设备的单价与数量编入预算中，同时，还应加强协调工作，做好调度，并确保设备的完好，以此来提高设备的使用率与工作效率；然后，对施工所需材料进行严格控制，采购材料时，应充分考虑材料的质量。

## （三）施工质量

对于公路工程施工的精细化管理中，其中对质量的精细化管理也是很重要的。首先，保证施工材料的质量。对于施工材料的把控应该从审批、选材、采购等一系列准备工作流程开始，根据市场材料的相关参考数据，筛选出质量合格和信誉良好的供应商。其次，严格验收施工过程中的状况，迅速进行状况的处理。在实际的施工过程中，需要根据专业的施工设计方案作为处理问题的指导，加大对施工过程和施工质量的监督，结合以往的施工经验进行后期问题的处理，提高施工的执行力。最后，提高质量监督强度。应该对于施工前预防、施工时监督、施工后监测的监管模式进行推行，在施工前进行施工资格的判定，在施工过程中进行工程数据的验算和相关汇报，并对施工规范度进行监察，逐渐深入，最终建立一套健全的质量精细化管理体系。

## （四）安全问题

安全问题与施工质量密不可分，若发生安全事故，则不仅会对施工质量产生影响，而且还会对施工的进度与成本带来一定的影响，因此，企业必须重视安全问题，加强精细化管理。首先，构建健全的安全管理体系，并制定规章制度，以此使施工的安全性得到保障，降低安全事故的发生率，确保施工秩序有效展开。与此同时，将制度与奖惩制度相结合，并贯彻落实到每个环节，此外，还应该制定应急预案，及时应对安全事故，尽可能降低损失；然后，制定健全的管理制度，即落实领导责任制，从实处出发，将安全生产贯彻到个人责任制；最后，施工人员需严格按照规章制度与相关规定展开施工，与此同时，还应安排专门管理人员定期检查，及时发展安全隐患，并及时解决。

### （五）验收精细化

对于公路工程施工而言，验收环节也是重要的环节。只有工程建设主体工作完工后，就是工程验收阶段。其对验收的精细化的原则是对未合格产品重点检查，重点分析出现未合格产品的原因，随后进行回溯式再监测工程质量。在实际的验收环节，验收员工必须对工程进行分段分步的抽样复检。

公路工程施工项目是非常复杂的，涉及方方面面，而且受到外界各种因素的影响，所以要想顺利地完成公路工程，就必须对公路工程的施工项目进行精细化管理。进行精细化管理，必须要从实际出发，使管理落到实处；循序渐进地将管理目标做到专业化、具体化和现代化，从而使施工项目管理更加科学化、全面化，减少安全隐患、缩减施工成本。

# 第二节　公路工程施工质量控制及管理

## 一、公路工程施工质量控制原则

施工中应按《公路工程质量检验评定标准》的规定要求严格检查，取得真实的检测数据，用数据来证实质量的好坏，并根据获得的数据对其进行分析，以改进质量。在检查中，必须按相关规定做好记录。

## 二、公路工程施工质量控制及管理的现状

施工人员的整体素质不高。我国项目工程施工人员主要是劳动型人才，不能以科学技术和专业知识来进行工程项目的施工作业。在整个项目工程中，人是施工主题，贯穿施工过程的始终。为了确保施工的规范性和严格性，施工人员应该在掌握过硬的专业技能同时，加强团队协作。其次项目管理人员的素质，管理人员是整个工程项目的主导者，应该具有战略意识，带领整个团队多快好省的推进工程项目建设。

公路工程中的各项指标不能满足国家和行业的质量标准。材料是施工的前提和基础，如果材料都不能够满足标准的话，那么后续一系列的质量管理都是无用的，工程质量都是没有办法得到保障和控制的。在我们实际的施工过程中，各种不合格甚至是假冒伪劣的材料不断出现，不仅对整个工程项目的质量产生了不良的影响，造成经济损失。如果更严重的话甚至会对公民的生命财产安全造成十分恶劣的危害。施工设备尤其是大型机械也要满足行业制定的标准，要确保器械能不能发挥其应有的功能，操作人员是否按照规定正确操作等一系列因素都会直接影响到工程项目施工的质量。

施工管理制度不完善。在公路项目工程施工过程中，没有建立完善的权责利制度，一般情况下，工程项目的管理者拥有较大的权力，却没有明确他所应该承担的责任。基于这种情况明确每个人的权力和职责，不能是只赋予权力而不明确责任，这样不但能够调动各个部门工作人员的积极性，还能够增强他们的责任意识，对他们的工作行为进行制约和规范，更好地提高工程项目质量。其次，在施工的过程中也存在着严重的质量问题，比如，施工单位一味地追求经济效益，偷工减料、以次充好严重地影响了工程项目的质量，这方面也缺少有效的监督管理机制。由于管理制度的缺乏，在工程项目中遇到的问题不能得到很好的解决，很对施工单位面对问题十分机械化，也没有真正意义上的落实奖惩制度，不能形成合理的激励机制，难以对工程项目质量管理产生积极作用。

## 三、提高公路施工质量控制及管理的对策

·抓好公路工程项目的设计工作，严格把控工程项目设计的质量关。首先要对工程项目进行详细的了解，分析实施项目的可能性和风险性，根据实际情况，综合各方面的因素做出合理的设计方案。好的设计方案不仅能够保证工程项目建设的顺利开展，还能够减少施工过程中的失误。同时设计方案还直接影响着工程建设的投入。因此监督部门要提高工作能力，把好项目设计的质量关。

加强公路项目施工人员的职业素质培养，人是施工管理中质量控制的关键因素，所以要加强施工人员的职业素质。首先，对于项目工作者来说，要有责任心和质量意识，另外施工人员还应该有专业的知识，这就要求施工单位要加强技术培训，注重技术指导，进行岗位培训，加强团队协作意识。对于项目的领导者来说，要加强战略意识和战略眼光的培养，能够站在全局的角度来引导整个工程的进度，提高项目施工水平，从根本上促进工程项目施工质量的提高。

加强公路工程设备的管理。工程设备主要包括工程项目施工材料和施工所用的机械设备。要对这些工程设备进行妥善的保存，避免因为不正当的存放方式造成的经济损失。对于施工材料的保存要从运输阶段就开始注意，在运输过程中要防止倾撒造成的浪费，运输到施工现场之后，因为施工的现场条件一般都比较简陋，所以要防止材料淋湿或者受潮，保证施工材料的质量。对于机械设备的保存则相对简单一点，要定期进行维护和检测，保证设备能在施工过程中正常运转。也可以提高设备的工作效率。

同时，要提前做好工程项目质量的检测工作，加强工程项目各个方面的管理工作。在施工开始前相关部门要好开施工研讨会议，进行任务分配和管理，积极落实"三检"，加强质量监督意识，提高工程项目质量。

优化管理模式。对工程项目进行质量管理的前提就是建立健全严格的管理制度和管理体系。在项目工程施工的过程中，要建立起合理的质量目标，在不同的阶段制定不同的质量目标，把整个工程项目的质量来量化处理，从而促进整个项目工程质量的提高。最后，

要根据实际的施工情况制定相应的管理目标，工程质量管理不应该只是做肤浅的表面工作，避免空洞的理论，把管理工作落到实处。另外针对片面追求经济利益的现象，相关部门应该建立起完善的监督机制，严把工程项目质量关，也应该加强对施工单位社会意识的宣传，让施工单位充分认识到他们所承担的社会责任，不仅要对自己企业的声誉负责，更应该对社会、对公民的生命财产安全负责。杜绝潜在的工程安全隐患。

加强重点环节的管理。对工程项目的重点部位，要进行重点管理，这是由项目工程的特点所决定的。因为这些重点部位质量的好坏直接影响到整个工程项目质量的高低。如果这些重点部位出现质量问题，甚至会导致整个工程项目的坍塌。对这些重点部位要专人进行专门的特殊管理。这里所说的重点部位是指工程的受力部位或者是容易受损伤的部位，对于这些部位，关于一些临界项目，施工人员要对技术检测人员进行交接检验，我们要严格按照行业制定的标准进行验收，及时发现问题，避免将隐患带到下一个程序中。

综上所述，通过我们对公路工程项目施工质量管理的现状及其控制原则的分析，我们应该清楚地认识到工程项目的质量不仅关系到施工单位的经济效益，更重要的是还涉及广大公民的生命财产安全，任何企业和个人都应该充分重视工程项目的质量。这样才能够在激烈的市场竞争中立于不败之地，向国家、社会、人民交付出合格的工程项目。

# 第三节　交通工程施工管理与质量控制

在城市化进程的快速发展中，交通工程的相关建设工作一定确保好质量，这样才能更好地为社会发展进行服务。因此，在交通工程施工的过程中，对于质量管理工作一定更要给予高度的重视，将质量管理的强度进行提升，保障工程的施工质量。这便需要交通工程施工单位，要具有高强度的责任心，做好统筹发展工作以及施工总结，以便找出其中的问题，及时进行解决，探寻更加理想的管理方式。

对于交通工程的开展，为一项综合性非常强的过程，只有对施工过程当中的每一项活动都给予严格的管理，才能顺利促进工程的建设，保障施工的有序实施，这也为交通工程的建设提供了强有力的基础。此外，实施良好的质量控制，做好施工的管理工作，有益于最大程度的保障施工的结果。利用对施工管理措施的制定和完善，可严格监管材料、施工工序等，防止豆腐渣工程的出现。

在施工企业当中，只有充分注重交通工程当中管理工作，才能将管理能力进行提升，并提升交通工程施工的水平，有益于企业核心竞争力的提升。在对交通工程进行建设的过程中，由于存在较强的复杂性，在施工中一定要掌握工程的发展规律等进行相关的施工工作。所以，企业在对自身的管理水平进行探索和提升的过程中，要对管理经验进行积累，这样长时间之后，企业会将自身的管理水平进行全面的提升。

对于施工设计方案，对交通质量会产生直接的影响作用。如果建设单位对评估阶段、可行性分析报告等设计方案存在不合理的情况，会对整个施工的质量造成严重的影响。

在实际施工的过程中，检测以及评估等工作作为重要的工作内容。在检查的过程中，很多评估部分只注重对表面的情况进行查看，对于其中比较隐蔽工程却存在较大的疏忽，会为之后的工程施工埋下安全隐患，降低工程的质量。

在交通工程当中，有些工作人员的文化水平并不是很高，加之在施工之前没有经过系统的岗位培训，极易发生一些施工错误，影响了施工的质量。

在交通工程施工之前，要做好相应的准备工作，这是提升施工质量的基础。在前期，建设方要对施工当中应用材料进行详细的检查。通常来说，需要对以下四个方面进行检验和审核：①针对交通工程施工过程中所有环节的勘察设计，要进行详细的检验和审核，绕开和排除不好的地质环境，保障工程开工之后的正常实施；②要严格审核施工方的资质，对其资金实力、技术和经验等经进行评估，这也是保障施工质量的基础性工作；③严格审核施工的图纸，图纸为施工人员工作的重要依据，因此要保障图纸没有任何的错误，保障交通施工的顺利开展；④施工方要针对工程所需的材料联合业主、监理、检测单位四方共同考察，为尽早地完成配合比及总体开工报告做准备。

建筑材料的质量，对最终的施工质量会产生直接的影响。所以，交通工程当中施工方对于材料的质量管控要细致并且充分。①对于材料的质量检测工作，要依照严格检测之后再进行使用的原则，不能出现使用过程中发现问题之后再进行检测的情况，对于不合格的材料坚决不能使用。此外，在检测原材料时，要针对不同的材料制定不同的检测方法，安排专业的技术人员；②针对进场之后的材料，要做好货物数量、种类等明细的登记工作，并在档案建立之前，再次对材料进行抽检。

在交通工程施工的过程中，会应用到很多的设备，是决定工程质量的重要因素。在施工时，要选择合理的设备进行施工，在施工结束之后，要对设备进行保养工作。这样，可减少在实际施工过程中，由于设备问题造成的质量下降。

科技的全面发展，促进了施工企业的进步，其中施工技术有了很大的提升和发展，但是与西方一些发达国家进行比较，有些施工技术依然比较落后，这对交通工程质量的提升，会造成较大的阻碍作用。在施工的过程中，对于技术的选择可直接决定施工的质量，所以施工方要学习国外先进的施工理念和技术，并将其引入，结合我国交通项目的施工特征进行应用，以便将施工的质量进行整体提升。

在交通工程竣工之后，要做好验收工作，其中会涉及很多的内容，如混凝土预应力检测等。因此，在验收环节，要根据具体的质量标准，抽查检验各个需要检验的部位，并结合最终的检测结果，找出其中不合格的部分，可保障工程的质量。

总之，交通工程与人们的出行息息相关，如果其质量出现问题会产生严重的后果。所以，对于质量问题，施工方要给予高度的重视，加强对材料的控制、选择合理的设备等全面保障施工的质量。

# 第三节 CM 模式在中国公路工程项目管理中的应用

CM 模式的英文全拼是 Construction Management，是国际上应用非常广泛的一种承包和发包模式，同时也是一种项目管理模式。中国对于 CM 模式的研究和应用很少，但是就现在社会发展的趋势来看，CM 模式应该是我国与国际接轨的必然需求。CM 模式简单地说就是指委托其他的单位来公路工程项目进行设计和施工管理，使公路的施工实现边设计边施工的形式，节省了公路工程建设时耗费大量的时间，CM 模式有计划的施工还能对公路工程的建筑成本起到有效的节约作用，提高我国公路工程的施工质量，值得全面的推广该模式。

CM 模式是以承包的方式把工程项目管理承包给另外一个组织进行管理，该组织可以对工程项目进行最直接的指挥，影响整个工程建筑活动的进行。CM 模式在以前主要应用在工程的实践阶段，接受委托的组织与发包责任者以成本价利润的合同形式进行相互的制约。CM 模式在应用时的基本思想需要委托方和受托方进行良好的协调，以保证工程项目管理的顺利进行。CM 模式在我国公路工程项目管理的应用中打破了原有的常规模式，使公路工程的施工不用等施工图纸审核完毕后就可以开始，提前了项目工程施工的时间，缩短了公路工程的施工周期。

CM 模式的工程项目管理主要可以分为两类：第一类是代理型的 CM 管理模式，第二类是风险型的 CM 管理模式。

代理型的 CM 管理模式是指委托方与工程设计组织、CM 管理公司、施工城建方共同签订合同，然后委托方通过 CM 管理公司来传达工程施工中的指令，最后 CM 公司对指令进行分层的传达，保证传达到每一个环节，这种管理模式 CM 公司没有具体的责任，仅仅只负责三方的协调工作。

风险型的 CM 管理模式是指委托方仅与工程设计组织和 CM 管理公司来签订合同，但是并不与施工城建方签订合同，而是把这个权利交给了 CM 公司，由 CM 公司来选择施工承建方并签订施工合同，所以在这种管理模式中 CM 公司就需要承担非常大的风险，因为这种模式中 CM 公司需要对工程施工的最大费用进行保证，避免施工超出最大费用的预算，如果超出了预算，CM 公司就要承担超出部分的费用。

CM 模式的优势体现在了对建筑工程施工进度的控制，不需要等到施工图纸的审核完成就可以开始正常的施工流程，在 CM 模式下工程图纸只需要完成前期的施工图，就可以预先进行工程招标，设计单位的设计工作继续进行，施工图纸与正式施工同步进行，使施工时间得到了很大程度的提前。与传统的工程项目管理模式相比，CM 模式可以将工程施工有计划的分成很多个小部分，在施工图纸完成一部分之后就可以安排施工，极大程度的缩短了工期，使项目工程建筑效率得到了有效的提高。CM 模式在实际的项目管理中结合工程规模、复杂度等一系列的因素进行综合考虑，制定完整的管理计划，保证工程施工的有序进行。

工程质量进行有效的控制。CM模式主要对建筑工程的材料以及施工单位进行质量控制，使整个工程的质量有效的提高，委托方只需要检查CM公司的管理体系的执行是否严格就可以，减少了直接对材料供货商、施工单位、监理单位的监管，减少很多不必要的环节，而CM公司严格地执行质量控制体系也能有效地避免项目工程出现质量问题。

委托方委托了CM公司对工程项目的施工成本进行管理，因为委托方本身对于工程成本的控制能力较弱，但是CM模式可以代替委托方实现对施工成本的有效控制，CM模式可以根据施工地点的实际情况、施工单位的施工能力、施工设备、工程规模进行综合的考虑。制定科学的施工方案，对施工过程进行全程监管，使工程在最短的工期内完成，减少委托方成本的投入，实现成本控制的目的。

由于公路工程关系到我国的道路交通运输，直接影响到我国的经济发展，没有CM公司能够承担起此份重任，所以在CM模式的应用中选用代理型CM模式进行工程项目管理，但是某些中低级的公路工程可以推行风险型CM模式，但是也必须由代理型CM模式进行辅助。根据我国公路工程的实际发展状况，在CM模式的应用上设计了三个类别。

因为公路工程承建方的能力非常全面，不光具备施工能力还具备管理能力，所以可以实行由承建方提供CM服务的管理模式。在公路工程的设计阶段开始进行CM单位的招标，选择有实力的CM单位。CM单位主要负责提出合理的设计意见，并对工程招标和工程施工进行管理，公路工程城建方的建筑经验以及管理经验都非常的丰富，可以有承建方对工程设计和施工过程进行协调，对于工程的成本控制方面可以由CM单位自己提出预算的最大施工费用，超出部分由CM单位自行承担。CM单位可以选择性的参与工程施工，也可以专门对公路工程项目进行管理。

在这种模式中CM单位不需要承担工程费用的风险，只需要为委托方提供工程图纸设计、招投标工作、施工工程管理工作的相关服务，委托方只需要提供给CM单位固定的费用即可。

我国实行工程监理制度已经有很长时间了，所以监理单位的项目管理经验非常的丰富。监理单位采取代理型CM模式对委托方提供CM服务也仅是对工程图纸设计、招投标工作、施工工程管理提供相关服务，同样避免了成本费用的承担风险。

CM模式在我国公路工程项目管理中的应用，有效地提高了我国公路项目管理的整体水平，使我国的公路工程能够更好地发展，加快了我国公路工程的建设速度，使我国的公路工程可以在国际市场上占据地位。

## 第四节　工程管理系统思维与工程全寿命期管理

工程寿命期管理一直是我国建筑工程管理研究的重点内容，其命题的维度较大，涉及总指导思想、工程建设、运行管理、投资体制等多方面的内容，而且涉及的管理知识内容也十分丰富，与传统的管理理念有着得很大的区别。在传统管理理念的核心中增加了流程、目标、技术、对象等主体，将工程建设与工程运行两个阶段紧密结合在一起，对建筑工程的全寿命期进行全方位综合管理，保障最优化目标的实现。

传统工程管理系统思维的核心是：建筑工程的质量、成本、进度，并没有将工程的运行阶段纳入到管理环节中，从工程整体寿命周期进行管理内容制定，其中具体的弊端体现在：

工程价值观，传统工程管理系统思维指导下的工程价值观主要以施工效益及施工效率为核心，不重视工程的运营养护。这种价值观指导下获取的利益是短期的，严重的忽视了运营中工程可能出现的问题以及工程是否能够可持续发展的问题。而且对促进工程健康、稳定运行没有明确的认识，导致工程运行中存在恶劣性质的风险，影响了工程的寿命。

包容性，传统工程管理系统思维只在利益的基础上考虑工程建设，没有结合时代发展趋势对出现的新要求与新目标进行考虑。而且，受价值观的影响，工程的效用与价值在未得以充分发挥的情况下就夭折，传统的工程管理系统思维主要将工程管理分为不同的阶段，导致整体的设计、运行、决策严格的分裂开来，经常出现实际发展与目标不一致的问题，影响管理工程的连续性。而且管理人员和施工主体间的角色过于分明，未通过换位对实现工程的全寿命期进行总体考虑。

管理的思维模式，这种思维模式影响我国建筑行业管理的研究与应用方向，传统的管理思维模式是由单一的管理者执行单一的管理职能管理单一的工程环节。在我国以前的发展上还有一定的应用可行性，但在现代化工程建筑发展上，严重缺乏对建筑工程管理系统性的思考，导致建筑出现问题无法从根本上进行解决。

工程管理是指在结合社会发展需要的基础上，通过树立正确的工程价值观，实现工程全寿命期的最优目标。所以，工程管理系统思维的确立应从更高的高度、更广阔的时间范围以及更远阔的视野，综合考量工程问题、解决工程问题。

系统思维的概念最早是由切克兰德提出的，重点强调在研究过程中要保障研究对象的全面性、整体性，要求用系统的思维成果进行工程管理。在管理领域中，工程管理是一项特殊的管理活动，其具体整体性、系统性的特征，只有在其特征基础上，才能将工程的全寿命期都纳入到管理中，实现部分与部分的和谐、整体与部分的和谐、环节与环节的和谐、系统与环境的和谐。

从工程管理系统思维的角度来讲，工程建筑是在人类认识自然、利用自然与改造自然基础上通过工程技术、科学理论建造出来的物体，其是一种人造的客观存在，具备其独有的功能与价值。工程建筑主要是由空间建筑物主体、设备系统、构筑物、硬件设施、软件系统共同组成，每一部分都具有独立的功能，是工程建设工艺、技术、质量、工程量的具体体现。其存在客观环境中，在既定的空间范围内、有限的时间条件下运行。建设完毕的工程建筑属于一个开放系统，与客观环境保持着多种交互关系。

由于工程建筑一直运行在客观环境中，所以工程全寿命周期要求工程管理系统为其提供稳定的客观运行环境，如土地、人力资源、原材料等，这些都是保障工程寿命的根本与基础。而且工程建筑的全寿命周期还要求工程管理系统为其产品输出提供完善的服务，其中需要注意的是，工程建设会产生不利于自然环境和谐的废弃物，工程管理系统思维需要从和谐发展的角度做好处理。

工程全寿命期管理是结合时代发展的要求，在传统工程管理系统思维提供的管理方法与管理理论基础上，将工程策划、工程决策、工程规划、工程设计、工程施工、工程运行、工程维护、工程后期管理作为对象的全方位工程管理模式，扩展了管理的深度与广度。所以在构建管理框架结构上也要满足深度与广度的要求，基于工程全寿命期管理的规律，提出具体的管理流程与管理方法，再结合工程技术的发展、管理系统的创新，提升自身的适应性与可行性。其具体的要求有两个方面：

管理框架结构必须集成建筑工程各阶段的管理工作。根据工程寿命的规律与理论对工程管理阶段进行划分，包括工程策划管理阶段、建设管理阶段、运行管理阶段、善后管理阶段这四个阶段。而从不同管理对象的角度进行划分，具体分为决策管理阶段、投资融资管理阶段、项目管理阶段、造价管理阶段、质量管理阶段、技术管理阶段、合同管理阶段、运行维护管理阶段、建筑健康管理阶段。这些阶段都要纳入到全寿命期管理框架结构中。

所有管理阶段都必须全面贯彻落实全寿命期管理理念、管理方法、管理理论，包括工程建设中的技术管理阶段都要在全寿命期思想上制定具体的管理内容。这就要求在工程建设中，不仅要重视建设期间的工程问题，运行期间的问题也同样重要。始终要将全寿命期最优化目标作为管理的目标和方向，保障工程在最优化全寿命期内持续、安全稳定运行，从而形成完整、统一的集成管理系统，保障建筑的运行安全与运行稳定性，经得住时代发展的考验。

①保障目标的协调一致，不同类型的工程建筑管理系统也存在差异，但其服务性质以及总体功能没有改变，所以通过工程每个阶段的管理目标，能够制定统一的可服务于全寿命期的总体管理目标，保障后续阶段运行的和谐稳定。②保障结构的协调合理，在统一的管理目标基础上，管理阶段与管理整体间要保持着和谐稳定的关系，既相互依赖又相互制约，在逐步优化中，能够消除各个阶段的阻碍，提高管理的有效性与效率。③保障功能的协调全面，工程功能的全面协调，才能均衡所有管理环节的产能，做好功能优化配置，保障每项内容都得到规范的管理，从而促进管理的平衡、协调，充分发挥实际价值。

综上所述，由于传统工程管理系统思维存在弊端与缺陷，所以在结合时代发展情况下提出了工程全寿命期管理。其将工程运行阶段也纳入到管理系统思维中，实现了工程最优化寿命周期的目标，弥补了传统工程管理系统思维的弊端，提高了工程的质量，延长了工程的使用寿命，是我国建筑工程管理理性发展的根本保障，应广泛地应用到建筑工程管理中。

# 第五节　公路系统人力资源管理信息化思路

人力资源管理属于其中非常重要的一项组成部分，可以实现对公路系统中人力的合理优化配置，对于我国的公路交通发展有着非常重要的意义。公路系统人力资源通过对信息技术的有效使用，不但可以提高整体的管理效率和质量，同时在一定程度上还能实现技术与发展之间的有效结合。因此，一定要结合实际情况选择合适的信息化人力资源管理模式，对于人员以及管理观念进行不断的创新和完善。

## 一、目前公路系统人力资源中存在的问题

### （一）缺少信息化建设基础条件

结合目前的实际情况来看，在公路系统当中，人力资源管理人员在实际的工作中缺少一定的民主性，关于其他员工给出的意见没有充分的考虑，导致人力资源管理的科学化发展受到了非常严重的影响。另外，管理人员也没有认识到人力资源信息共享的重要性，这样很多人员就不能对公路系统当中的人力资源业务流程进行全面了解。同时还缺少了完善的人力资源信息化网络建设，这样人力资源信息就不能在有效的时间内进行发布，这对于人力资源管理信息的公开性造成了严重的影响。因为各种信息化建设的基础条件一直得不到有效的落实，这将会对公路系统人力资源管理信息化建设带来非常大的难度。

### （二）没有形成先进的人力资源管理理念

目前，很多企业在进行人力资源管理过程中仍然还是采用传统的人力资源管理模式，导致很多管理工作已经不能满足社会时代发展的需求。在公路系统管理工作中一直都是采用的家长制的管理方式，每个员工的岗位基本上都是固定的，所以在信息化建设过程中得不到足够的人员支持。很多工作人员不认为公路系统人力资源信息化建设是员工的工作，而是应该交给单位领导来进行，导致在公路系统人力资源管理信息化建设过程中缺少了一定的积极性。因为在管理思想以及管理方式上一直得不到有效的创新，导致信息化建设在公路人力资源管理系统中一直得不到有效的执行。

## 二、公路系统人力资源管理信息化建设的重要性

任何一个企业在发展过程中都离不开人力资源管理职能的发挥，对于公路系统而言同样也是如此。在公路系统人力资源管理中加强信息化建设，可以更好地实现公路系统人力资源管理目标。比如，企业在对自身规模进行扩建的时候，相应的需要对部分人员进行招聘，这就需要企业对相关体制以及经费进行重新规划，如果是通过人工操作的方式来完成将存在非常大的难度，而利用信息技术就可以对企业整体内容进行合理的规划，通过系统的筛选和分析可以在最短的时间内实现企业的管理目标。另外，通过信息化建设还能对公路系统人力资源管理流程进行不断的完善和优化，保证各项管理工作之间的协调性，使工作流程可以体现出非常合理的程序性，同时体现出人力资源管理模式下各项工作的条理性，实现对整个公路人力资源管理流程的不断细化。

## 三、促进公路系统人力资源管理信息化建设的相关对策

### （一）树立全新的人力资管管理理念

公路系统人力资源管理加强信息化建设，主要是逐渐改变传统管理模式中存在的问题和不足，通过先进的管理模式来满足目前社会经济发展的相关需求，也是人力资源管理未来实现可持续发展的有效途径。要想实现公路系统人力资源管理的信息化建设，首先相关人员应该认识到人力资源管理工作的重要性，在思想上树立出先进的人力资源管理理念，让全体员工可以积极地参与到人力资源管理工作当中，使传统的人力资源管理模式可以实现有效的转型。同时还应该加强相应的培训工作来提高人力资源管理人员的专业水平，让管理人员可以对计算机操作流程以及相关的人力资源管理知识进行全面掌握，从而才能为公路系统人力资源信息化工作开展提供良好的基础保障。

### （二）加强人力资源信息化基础建设

目前，随着我国信息技术的不断发展，在公路系统人力资源中融入信息技术，可以在最短的时间内将信息公布在人力资源管理网站上，这样就能上社会公民全面了解到公路系统人力资源管理信息，从而保证人力资源信息的透明性。在进行信息化基础建设过程中，一定要采取有效的措施来减少人力资源管理网站中存在的信息缺失现象，通过这种方式才能保证人力资源管理信息的安全性与可靠性，保证职工可以在较快的时间内获得自己需要的信息，针对其中存在的问题及时发表自己的看法，这对于加快公路系统人力资源信息化建设有着非常重要的意义。

### （三）提升人力资源管理人员的素质水平

在公路系统人力资源管理信息化建设过程中，管理人员在整个过程中起到了非常重要

的执行作用，因此，管理人员自身的素质水平在一定程度上将直接影响到人力资源管理信息化的建设情况。这就需要加强对人力资源管理人员自身能力的教育工作，将信息技术以现代人力资源管理方法实现有效的融合，要求管理人员必须对信息技术内容进行全面了解，熟悉具体的计算机操作流程，在此基础上才能为公路系统人力资源管理信息化建设提供良好的基础保障。

综上所述，公路系统在实际的运转过程中不但可以体现出一定的社会效益，同时也能为社会公众提供良好的服务。在新时期不断发展的背景下，相关人员一定要对公路系统人力资源管理的信息化建设引起高度重视，对于目前的管理制度进行不断的完善和优化，从而形成合理的信息化管理流程，使公路系统人力资源管理信息化作用得到充分的发挥。

# 第四章 路桥建设及养护管理

## 第一节 路桥施工管理创新技术

我国的路桥施工建设项目在国际趋势的影响下进入了黄金的发展阶段，并且为我国的经济和政治也造成了一系列的积极作用。但是路桥施工项目数量快速增长的同时也会为管理技术产生一定的阻碍，特别是我国加入世界贸易组织之后，国际上实力较为雄厚的路桥施工企业进入了我国公路桥梁建设的对应市场，让国内大部分还未发展壮大的路桥施工企业倍感压力。由此我国本地化的路桥施工企业也从竞争中获得了启示，只有从各方面做大做强才能够在世界的市场中立于不败之地，其中最主要的改革和创新方式就应当从管理的角度加强整体实力，获取核心优势的同时提高行业市场竞争力。

改革开放三十年来，我国的经济发展情况对各省市和地区的路桥建设水平提出了全新的要求，随着现代化技术的不断引进以及社会市场经济体制得到刺激下，路桥施工管理技术改革的重要性也在城市规划中越来越明显。为了满足社会日益增长的路桥质量要求，相关部门必须根据其项目的实际情况对路桥施工管理技术进行创新形式的研究和探索。路桥施工单位应当以公路和桥梁行业的发展为基本的核心导向，同时将具体的工程项目作为实际依据，利用科研机构的专业和素质作为支撑，基本相关应用型技术成果，对"产学研用一体化"管理模式进行深层次的研究。从路桥施工构架与需求两个方面的角度出发，重点处理项目施工中长期存在的施工难点，以科技研发为基础，促进建筑企业的升级与转型，推动企业的健康发展。只有路桥施工项目可以在研究过程中对实际的工程产生巨大的影响，才能让相关部门在此基础上对路桥施工管理技术提高重视水平，朝着开发自主知识产权以及对应科技成果的方向快速稳定推进。

我国路桥施工管理创新技术的研究过程中，出现了很多影响行业发展进程的案例和成绩，其中甘肃路桥企业对其项目施工管理技术的创新和改革，为我国科学技术创新局面的发展打下了良好环境和理论基础。该路桥施工企业的各相关部门都针对项目建设过程中遇到的实际难题，积极开展了路桥施工管理技术相关的研究。2011 年到 2014 年的四年间，建设单位一方面用大量的研究和试验解决着地质背景下路面出现的实际问题，另一方面技术部门也在就改革中的问题进行着管理技术方面的总结，随着施工技术的不断发展，高模量改性沥青混凝土 AC-20C 型桥面铺装结构和水泥混凝土 CAC-20 新型路面铺装结构试验路的铺筑能够在实践中发挥切实的效用，二者不仅在结构上具有传统材料没有的抗水损、抗老化、抗车辙等特点。同时也是路桥施工中路面构架的创新形式，技术人员在优化工序的情况下，使用了新材料、新技术和新工艺，因此路桥施工单位的科研项目不仅具有很好的实践性，同时还具备极大的推广和普及的价值。为了进一步的推行施工标准化机制，各参建单位还优化和创新了桥梁伸缩缝的施工技术，待桥面伸缩缝安装开缝清缝的工作结束之后，用符合实际施工情况的 PVC 管内包裹好吸水性较强的填充物，把缝内存留的水处理掉，再利用纵向导管将伸缩缝内的自由水排掉，使得桥面铺装中没有多余的积水存在，不仅可以有效降低桥面受到的积水损害，还能进一步的加强路桥施工工程的质量，该方式还受到了当地高校建筑专业教授的高度评价。

该路桥施工单位除了在工程建设中积极采取创新的技术和行动之外，还将改革的理论和精神运用到了开展企业各项工作的管理和经营机制中，同时还以此作为优化员工思想和素质的依据。甘肃路桥建设集团在二十一世纪的管理思路中，始终坚持以人文本和可持续发展的原则，积极建设优质的技术和操作团队，用企业的正能量制度激发员工的凝聚力和主观能动性，同时在稳定现有实力的基础上，开拓更加广阔的市场和渠道，用领导分域区包干的制度激发员工参与企业经营的动力。企业除了调动员工的积极性之外，还应当采取恰当的方式明确各部门和岗位的基本职能，实现责任、权力和利益的统一化、科学化和合理化。另外对项目和员工的严格要求也是现代化企业管理理念中非常重要的一部分，只有集团领导能够建立整合资源的机制，并且明确多元化的发展才是引领企业健康发展的核心原则，同时人才工作环境的优劣也是影响其对于企业能否产生归属感的主要指标，从源头上加强企业文化建设和思想政治培训深度，用改革和创新让企业能够实现更高层次的价值和意义。

路桥施工单位应当在日常的培训和管理中引导员工依照施工单位的内部纪律与相关法律法规对各项生产工作进行严格把关，尤其是要对地方政府当前最新的行政条例有全面的了解，只有这样才能保证职工在安全的环境下开展一系列的施工工作。在施工现场设置必要的防护设施，为施工人员创造一个文明、安全、良好的施工环境。在设计单项工程施工程序与组织形式的过程中，需要同时加入安全技术措施，若某一单项工程有着比较大的施工安全风险，施工单位需要对施工现场的各项风险因素进行准确的识别，并制定详尽的安全管理方案。

路桥施工单位应当严格按照项目合同上的要求全面落实各项施工工作，对企业内部的施工质量管理体系进行不断地丰富与完善，使得工程质量可以持续保持在优良率以上。技术部分也需要为质量管理工作提供更多的支持，综合运用各种先进的技术手段对施工质量进行动态化管理。工程项目形式开工前，施工单位需要将生产骨干、管理人员与技术人员组织起来，对施工规范、施工设计图纸与合同文件进行全面的审核，完成技术分析与技术交底工作，根据讨论结果设计施工组织方案，制定质量管理措施与。为现场施工人员提供必要的职业技术培训，重点解决隐性工程质量监督与管理工作的难点问题。对于路桥施工管理中的存梁台座的结构设计、压浆工艺、蒸养及梁体内外温差控制等关键工序，需要有专门的技术攻关小组进行质量监督，最大程度上达到工程管理技术创新的高质量和高水平。

施工单位需要将即将参与现场施工的工作人员组织起来，对施工设计图纸中的技术内容与技术要求进行全面的解释与分析，使施工人员能够了解施工图纸在设计意向方面的有关细节。做好技术交底工作，首先需要由项目负责人对方案技术措施、工艺方法与工程概况等方面的内容向工长、班组长进行详细的交底，交接人需要在各级书面上签字。项目施工过程中所需要投入使用的设施、用品与安全工具都应当得到妥善的保管，同时电气、机械等方面的相关设备也应当做到周期性的检查和维护，以此为根据技术部门理应建立安全保障制度。安全管理人员需要事先对施工中将会使用到的各种重型机械设备运行路线进行妥善的安排，约束施工人员在施工现场的行走路线，避免出现机械设备与施工人员活动范围冲突的问题。

综上所述，路桥施工单位应当就目前的形式和经营情况制定对应的管理技术创新方案，只有这样才能使企业在顺应社会市场经济发展趋势的同时，获得更加具有潜力的效益和价值，并且能够有效推动路桥项目施工的专业化、机械化和班组化的统一进程，使路桥建设单位不仅能够使施工队伍管理水平上有所提高，还能在激烈的市场竞争中形成属于自己的品牌优势，即能够为企业的健康发展奠定良好的基础，也能够为我国的现代化建设做出自己的贡献。

# 第二节　省道路面施工管理措施

在省道施工中，路面施工对公路整体质量有直接影响，施工人员应该注重路面施工的管理，针对其主要存在的问题，采取相应的措施，保证公路施工质量。省道路面施工工艺流程较为复杂，且涉及方面广，在进行路面施工管理的过程中，管理内容也会相对繁杂，主要包括：成本管理、技术管理、质量管理等多个方面。因此，在管理路面施工工作的过程中，一定要对各个方面、各个细节展开严格细致的管理。

在省道路面施工过程中，公路施工测绘管理十分重要，施工人员如果能够对测绘工作进行合理管理，就可以缩短施工工期，提升施工效率。但是，当前的省道路面施工管理中，忽略了对施工测绘的管理，存在较大的滞后性。同时，当前的公路施工工程大部分更注重经济效益，各种测量问题频繁发生，对路面施工质量造成了巨大的影响，也威胁着人们的行车安全。

鉴于公路施工是户外施工作业，且作业时间长、施工范围广，容易受到当地地理条件和气候条件的约束，导致施工设计方案无法顺利实施，只能进行方案变更，这就增加了施工成本。虽然自然条件无法改变，但是，施工人员如果在施工之前就进行了详细的地质条件和气候条件的勘察，在遇到条件限制时，就可以给出相应的解决措施。然而，在粗放式经营模式下，施工单位只注重经济发展，对勘察工作不重视，导致出现资源和劳动力浪费现象出现。

当前，省道路面施工管理人员缺乏一定的管理责任感，造成人员管理散漫、管理力度不足、管理态度不认真，不能及时反应施工中违反施工要求的现象。严重的甚至还出现了先施工、后报告的现象，这种不严格的管理模式，造成施工工序颠倒混乱，出现了资源浪费的情况。另外，有些工程中，施工人员对公路路面施工质量检测不认真，没有根据相关的检验标准进行检测，给行车安全造成了极大的威胁。

在当前的路面工程施工中，由于管理责任分配不合理、管理方向不明确等问题，在路面工程项目管理中出现了一系列漏洞。如：在管理过程中，由于管理人员欠缺规范意识，导致出现工程强度不达标、交工时间不明确、总工程工期不明确和工程技术不统一等现象。另外，由于缺乏明确的施工管理监督制度，在材料采买和设备引入的供应、结算、质量保修等方面未能形成相互协作的和谐关系，这就阻碍了施工的顺利进行。

当前，省道路面施工人员缺乏工作主动性，工作积极性不高。但是，随着时代的发展，公路运输业的发展需要路面施工做到保质保量。虽然道路的开辟为地方经济的发展带来了契机，但是这也给公路施工人员带来了艰难的挑战。很多施工人员都长时间离开家乡，日复一日地重复单一的工作任务，再加上施工场地环境艰苦且较为封闭，与外界联系较少，如果对施工人员的管理不到位，就会导致施工人员在施工过程中出现一系列突发状况。再加上户外作业有很多潜在的安全因素，就会导致工作人员消极怠工，对施工质量造成负面影响。

建立完善的施工管理制度是保证施工管理质量的必要前提，施工管理人员应该制定健全的施工管理制度，使施工管理工作专业化和标准化。如施工单位可以成立施工管理小组，细化路面施工管理规则，将每个施工环节中需要达到的施工标准进行突出，保证每个施工环节的质量，从而保证整个工程的质量。在此基础上，进行明确的工作分工，充分发挥施工设备和物资材料的调配使用效率，对每个工作环节应该使用的材料、设备等进行严格规定，杜绝资源浪费现象的出现。另外，公路施工合同签署双方都应该高度重视工程合同条款，根据合同要求来进行施工标准的制定，制定了施工标准后，根据此标准进行相应的施工，保证施工质量与合同标准的一致性。

首先，在开展施工之前，施工人员应该对施工现场的地质条件、气候特点和人文风俗进行了解，尽量避免由于自然条件和当地风俗造成施工方案变更，这不仅是保证工程顺利进行的必要前提，更是减少施工成本的基本措施。在此基础上，施工人员在施工之前应该对测绘图和施工图纸进行细致研究，根据施工图纸要求进行施工，以便最终施工完工后，能与施工合同要求相一致。其次，施工人员应该在施工过程中进行施工计划和方案的编制，设定施工工期，根据施工工期合理安排施工任务，避免由于赶工期而降低施工质量。最后，施工管理人员应该对施工材料与废料的堆放、施工设备的摆放等进行科学合理的设计，保证施工材料堆放不会影响施工设备的进出，施工设备的摆放也不会影响到施工的正常开展。

在进行公路路基路面施工过程中，在注重施工质量的同时，也要注意工程的经济效益，因此，降低施工成本十分重要。施工人员在施工前就应该制定详细的施工计划和方案，对材料的采购进行预算，严格控制材料的使用。其次，针对施工中的难点和重点，进行合理的劳动力分配和机械设备配备，提高劳动生产力，保证施工能够顺利、安全进行。另外，施工人员应该进行适当的教育培训，了解新引进器材的使用说明，正确地使用施工器材，定期对施工器材进行维护保养，延长施工设备的使用寿命，从根本上控制成本消耗。

由于公路施工面临复杂的地质结构和恶劣的自然气候条件，在施工过程中经常会出现一些突发性施工事故。因此，在进行路面施工的过程中，施工人员应该对施工技术进行细致的管理。针对施工过程中容易出现的突发性事故和安全隐患进行评估，并评估结果交至上级，在上级决策后，及时排除，尽量避免施工过程中出现安全事故。此外，施工人员要对施工设备进行定期检查，保证施工设备能够正常使用。由于当前已经进入了机械化时代，在道路施工中引入的机械设备逐渐增多，管理人员不仅要注意设备的运行检查，更要注意其类别管理，要将机械设备安置于合理的位置，最大限度地发挥机械设备的功效，提升施工效率。

施工的每道工序都会对最后的施工质量造成影响，因此，施工人员在进行施工的过程中，应该对每道施工工序的质量进行严格管理。在公路施工过程中，应明确每道工序的工作责任，并将其落实到施工人员身上，实行责任制，保证施工人员做好该工序的施工工作，进而保证施工的细节质量。另外，要合理安排施工工序，工序完成后，及时进行质量验收，针对不符合要求的工序应该及时进行改进，避免出现恶性循环。除此以外，施工人员在工程完工后，要注意施工现场的整洁性，减少对环境的污染。

综上所述，根据我国交通行业的发展需求，省道工程建设施工具有重要意义，对省道路面施工进行科学化、合理化管理十分必要。在进行省道路面施工管理的过程中，施工人员应该严格控制好施工的各个环节，把握施工管理的重点内容，以合理的方式强化施工流程管理，将质量控制落实到成本控制、施工细节、工序管理等各个方面；将细节管理和全局管理有机结合，促进路面施工管理的科学化和规范化，进而保证公路工程整体质量，促进交通行业的发展。

## 第三节　路桥建设及养护管理分析

路桥建设的实际过程中，在初始阶段就应该制定并配套路桥建设的质量体系和质量目标，有针对性地建设路桥建设质量管理措施，实施质量第一的路桥建设根本原则，严把路桥建设的质量关口。在路桥建设的细节中要突出质量问题，要结合路桥建设技术、建筑材料、施工人员和设备机械展开质量的全面控制与管理，关注路桥建设施工的具体情况，将质量目标转化为路桥建设的实际质量。在路桥建设的过程中要建立质量控制和管理的核心要点与检验关键点，不但从路桥的外观上，而且从路桥工程的结构上，都应该完整而全面地落实质量管理的目标和责任，以全面地控制和管理提升路桥建设的综合质量品质。

在信息技术渗入到工程技术、建设体系和人员机械的细节和关键的今天，要想提升路桥建设的品质和速度，必须从信息技术的应用和路桥建设信息化水平提升做文章。要建立路桥建设的基础信息库，实现多元化、多维度地对路桥建设信息的收集和整理，结合路桥建设的实际进行施工状况、工种施工、供需双方各方面信息与数据的深层次加工，以先进的大数据平台和云计算技术得出更具有指导性和管理功能的路桥建设决策，满足路桥建设的具体需要。同时，在路桥建设施工信息化建设过程中要坚持全面和系统的原则，既要确保施工信息向上覆盖到路桥设计，同时也要实现施工与技术信息的细致和精确，实现对路桥建设的工期、成本、进度和质量各个方面目标的全面控制。

路桥施工机械的使用不但提升了路桥施工的效率，而且也大大降低了路桥施工的成本，进行路桥建设要将机械的普遍使用和高性能设备的深层次利用作为基本前提。在路桥施工机械的选择中应该首先选择具有多功能、智能化的设备，优选多功能、高效率的路桥施工设备机械作为路桥建设的第一目标。同时，要敢于在路桥施工中主动应用智能化路桥施工机械，有效的提升路桥施工的基础效率，扩大路桥施工中单位时间的工程量，在时间成本、效率目标和能源消耗上实现路桥施工的总体目标，在体现路桥施工机械智能化发展方向的同时，将路桥施工机械的价值和潜力做到进一步挖掘。

路桥养护单位应该根据路桥养护管理实际需要，培养专业的高素质路桥养护工程师，建立稳定的养护管理队伍。通过养护人员专业能力和管理人员专业素质的提升，进一步整合路桥养护管理过程中各个人群、各个环节、各个单位的关系，建立路桥养护管理人员和工作人员的晋升与培训机制，做到对人员发展的有效保障。

路桥养护工作的管理要做好检查工作，要突出检查环节，通过检查并且做好检查记录，同时应做好定期检查和专业检查工作。首先，例行巡检需要由县级工程师组织实施，通过目测和简单的工具测量了解桥梁情况，至少每年一次，检查完毕做好检查记录表并上报。其次，定期检查时应拍摄桥梁照片，填写桥梁定期检查数据表和检查报告。

当前路桥养护工作中存在资金数量不足、投入倾斜等实际问题。要确保路桥使用寿命，提升路桥行车安全必须要在扩大路桥养护资金数量，增加路桥养护资金来源的基础上，全面提升路桥养护资金的使用效率和使用效能，这样才能将宝贵的路桥养护资金用在"刀刃"上。一是路桥养护工作者要立足于交通事业发展和主动服务社会这两项基本出发点，向全社会、主管部门、相关企业做好宣传工作，获取他们对路桥养护工作的支持，激发社会资金和政府投入对路桥养护的支撑。二是要在路桥养护工作中形成重点和要点，将来之不易的路桥养护资金做到全面运用和科学运用，发挥出路桥养护资金的最佳、最大功能，整体上提升路桥养护的效果、速度和质量。

路桥养护是一项连续而系统的专业型工作，需要有严谨的档案信息和细致的专业数据作为前提，因此，必须加强路桥养护档案的相关工作，当前最为重要的是要建立起适于路桥养护工作实际的档案工作制度体系。一是要全面收集路桥工程设计图、变更图、竣工图等信息和资料，形成档案信息的基础，进而为档案工作和路桥养护提供可靠的凭据和前提。二是要结合路桥养护工作做好档案的整理和加工工作，通过制度建设使路桥养护信息和资料得到科学处理；通过制度建设提升路桥养护的工作品质。

# 第四节 道路桥梁建设施工现场管理

伴随着我国经济水平的快速发展，每个行业都已取得了很大的进步，同样在建筑行业也不例外。近几年在建筑行业，各个市场的激烈竞争，其究其竞争的最大支撑是建筑企业的管理工作做得如何。在施工现场，要积极地开展有效的施工监测，才能有利于路桥工程质量的提高。值得注意的是在施工现场会产生很多的问题，也会有很多其他的不稳定因素存在，所以监测人员要积极地收集数据，从而实现风险评估，在施工中，施工与设计人员也会遇到问题，监测人员要根据此对施工方案做必要的调整，有助于使用工程质量得以提升，施工的风险也得到降低。在施工现场，施工管理者要加大管理力度，注意不翰因为一时疏忽，给人民生命财产造成影响，也会使道路桥梁工程质量受到影响，引起安全问题。所以在施工现场，实现行之有效的管理，也是保证工程质量的要求，有利于工程的效益利润。

在整个工程的施工中，要对施工设备进行有效的管理，只有这样施工单位才能最大化地获得经济利润提升。有效地管理路桥施工使用的材料，在采购环节注意要按照施工要求去科学采购，要对如何使用施工材料有一个总体规划。在施工设备管理中，对施工设备进行使用时，要有计划地安排，进一步就设计出行之有效的施工方案。为了促进道路桥梁工程质量的提升，就要有一套的体系去评价施工质量，注意一切原则是施工进度要依照进行，工程要如期完成所有的施工，以免使施工单位的经济受到损失。

目前道桥施工过程中，施工企业中管理人员领导安全管理的意识都非常浅薄。领导只注重形式上的重视，在具体工作中却不积极地落实。只是一味地追求经济上的最大利益，却往往忽视了安全的重要性。所以要建立一个相关的管理机构，并完善它，另外要建立一套对人员进行安全教育的培训制度，要在实际工作中积极落实到实处。

在路桥施工计划之前，是要做一个合理有效的计划。建设路桥工程不仅在项目上步骤较为繁杂，而且它具有复杂性的特点，有一些由于风雨等自然原因会影响到施工现场，在各项目之间连接的过程中，要做好整体规划。由于施工人员对工程没有一个整体计划，导致项目之间联系不到一块，施工之前和竣工完成并没有一个完整的效果，就会导致施工不能顺利完成，同时就出现了很多的质量隐患问题。

在路桥施工中，缺乏对其质量的监管，一般只是形式上的规定。在一些城市中，政府也不加大对路桥的质量监管力度。在进行施工管理工作时，就非常不利于拿来在管理中使用。作为施工管理人员在工作时，没有一些可以衡量的指标依据去进行监管质量，这就导致管理效率大大降低。

由于路桥施工的自身特点以及施工多处于露天，施工人员大多都是比较偏远而来的农民工，他们的专业技术相关能力就不高，而且不重视安全问题。很多的安全事故的发生，大多上都是因为施工人员对施工工程的安全不重视造成的。所以企业要做好相关工作。在聘用人员时，就应该对其进行安全教育和技术培训，让施工人员提高自身对施工的规范。在施工时，人员也要根据施工项目的有关规定去规范地进行施工。这样做的目的也是为了以免出现不合规范的操作，导致发生一些不可挽回的意外发生。比如，在施工中，人员必须要按规定戴安全帽，以及配有安全设施才能到施工现场，有时候，施工人员会因为不合理规范，给钢铁涂抹环氧胶液时，要注意仔细，在灌浆时，要积极地采用防腐的材料积极修补。

在工程施工中不能一味地只追求利益而忽略了要针对成本进行合理控制。不可以在控制成本时过高或者过低，真会引起工程质量不达标，整个工程就会很受到影响。所以，工程在施工之前就要做好合理的规划，针对成本进行科学的计算。为了尽可能降低施工企业的成本效益，在施工建筑材料采购时，要根据项目的质量要求来选择合适的材料，综合"货比三家"，找到比较满意的材料。

严格管理施工进度，要做好三方面的工作。第一，在施工过程中要意识到对施工的工程质量进行监管，是很有必要的，在施工中要注意依据项目的质量要求，有责任感地对影响质量的因素以及数据进行填写。第二，了解路桥的管理目标，以使相似的问题不会再发生，就要在工程建设中，积极对质量进行控制，做好相关的测试工作。第三，对施工的质量进行控制和管理，要结合外部环境和内部监控，其中外部环境很重要，如对人员的监管，设施以及设备和材料的监管等。

# 第五节　公路桥梁工程造价管理与控制

随着科技的发展以及人民生活水平的提高，现在的城市交通环境已经无法满足人们的需要，大量的架桥工程搬上了现代交通建设的舞台，成为我国交通公路改建的主要方式与选择。当前公路桥梁工程建设过程中，降低工程造价、节约工程建设成本，增强公路桥梁工程建设总体效益已经成为公路桥梁工程建设过程中的必然选择。造价管理作为公路桥梁工程建设过程中的重要工作之一，对公路桥梁工程造价管理面临的风险因素与解决措施进行研究有着较为重要的意义。

所谓决策预算是指财务部门在每次桥梁工程规划阶段，都要依据当时的具体物价情况做出该桥梁造价的初步预算，是建造部门明确该桥梁的成本，从而更好地选择与安排后续的施工问题，例如，施工队伍的工资洽谈等问题都与财务预算有关。但是在实际的预算工作当中，桥梁预算很少能够依据现实情况做好科学的预算。具体表现为很多时候原料的预算会与实际物价偏差较大，或是没有能够很好考虑施工过程中的偏差问题导致的重复施工可能，从而加大了实际资金与预算之间的差距与现实，导致实际造价远超财务预算。归根结底还是缺乏专业的人才计划与管理，使得财务工程报价不合理而无人知晓，而企业或政府又不愿意将资金预算承包给第三方增加额外花费，使得桥梁造价预算很多时候都形同虚设，无法起到预估与指导的实际作用。

施工阶段开始的第一步就是需要选定施工方案。选择出最优秀、最合适的施工单位对于控制施工阶段的造价管理风险较为重要。本阶段造价管理中包含的风险因素有：标段、招标方式划分不科学；审查施工单位资质不严格；泄露出了公路桥梁工程标底价格；条款、计价方式不够明确或者出现了漏洞；公路桥梁工程出现了工程量变更；建设过程中相关的法律法规出现了变更；环境等其他因素导致的风险。

在整个工程费用中，对于材料的支出甚至达到了 70% 以上。所以对于材料费用的控制就显得非常重要，控制好对材料的费用支出是最管理的一部分。但是也不能偷工减料要严格按照合同的要求要选择材料，并且确定材料的数量。但是多种多样的材料，价格的变动和供求关系的变化采购部分都要及时关注。为项目工程选用高质量，性价比比较高的材料，有效的控制材料费用。

随着公路桥梁施工技术的不断发展，工程造价的控制观念也在不断更新。相关工作人员应积极学习并更新造价控制观念，再根据公路桥梁工程建设的实际情况合理对工程造价进行控制。另外，施工设计也是实行造价控制的重要环节，在施工过程中，通常会因为一些特定原因，如工程设计不合理、工程与图纸不符等造成施工的变更。因此，在进行施工设计时，设计人员一定要严格控制设计变化，注重设计的科学性、合理性，并严格履行合同，确保设计变化在合同的条款范围之内，从而将变更损失降到最低。

# 第六节　路桥工程机械设备的选用与经济化管理

在确保能够适应和完成相应的施工任务的前提下，采取严格的经济化管理措施，在设备的选用上注重经济实用性，将设备的运用更加合理化，这就需要管理部门以注重质量和经济化并行的做法，提高设备的综合利用率、减少成本上的开销和浪费。

在确定使用何种选用机械设备的方法时，首先要根据施工的具体要求来制定选择计划，在施工开始前对周边环境与地质条件的勘测和调查中，充分考虑到设备的运行能力和状态，将实际情况与设备的具体情形相结合，选用的设备才能满足实际的需求，达到应用的标准，才能确保施工工序的顺利开展。还要依据不同阶段的施工内容和要求来合理地选择不同的设备，比如，路面施工中要制作混凝土为路面的主要材料，在拌制和振捣的作业过程中就需要专门的机械设备，在选择设备时就要凭借其不同的作业和功能需求。此外，由于路桥工程的施工地点的环境较为复杂，会遇到很多险峻陡峭的地形，在设备的选用上也要考虑到体积的大小。是否适合运输至险要的地势之上开展作业和施工，对施工的安全性是否存在重大的影响，一些大型设备是不适合在较为窄小和狭长的施工路段上使用的，在作业过程中其自重和体积会受到道路两边物体的影响，而且无法保障安全稳定的施工作业。因此要选择体积相对较小的设备，这样不仅容易运输和在不同的施工阶段中进行迁移，还能够维持施工的安全平稳，不至于发生安全事故。除此之外，在你选用设备的时候也要考虑到天气变化带来的影响，一些设备的性能会随着气候变化而发生下降或者失灵的情况，为避免影响到施工进度，就要估计到气候对设备的影响程度，选择可替换的施工设备。

机械设备要在很长的建设周期内执行多种施工任务，因此在选择设备时要注重适应性和可靠性，路桥工程的复杂性极为明显。针对地基、桥梁主体结构和路基路面等关键部位的施工中，所使用的设备要适应不同的施工要求和环境条件，再加上施工过程中具体环节的差异性较大，而且质量标准极为严格，这就要求设备能够在任何的环境中有效地完成施工任务，做到很好的适应性和可靠性。

除了要考虑到施工的具体标准和要求，以及最重要的安全和质量方面的需求，还要关注租用和使用设备的成本开销状况，投资的金额是有限的，在合理的增长范围内是可以接受的，但是也要注意选用设备时的经济性因素，毕竟设备的运行也需要能源的供给，设备还需要合理的调试、维护和保养，这些成本开销也很大，对于路桥工程的建设来说也是不容忽视的一笔费用，所以要设法在有限的资金限额范围内合理的选择机械设备。

为路桥工程的建设配备机械设备时，未达到更加高效合理的完成设备的选用，首先要做好准备工作，各型的机械设备都需要专业的技术工人来操作和控制，所以要做好人事安排方面的管理工作，聘用和培养高素质的专业技术型人才团队，在设备的调试、操作、维护和保养中发挥他们的才能，保障施工设备的安全性和稳定性，促进施工按照正常的进度开展。

管理好施工中的机械设备是一件较为复杂和烦琐的任务，因为设备不仅要正常的运行，还要做好初期的调试和定期的维护保养，需要大量的专业设备操作工人和保养人员合力协作，才能确保设备能够维持正常的运行。因此管理部门要制定激励和约束的双重措施，形成合力的奖惩机制，将设备的管理责任落实到个人，保障每个环节不出现大的纰漏和错误。

当机械设备发生故障时，必须按照规定对设备进行及时维修。在维修前，必须对故障进行全面鉴定，找到故障发生的根源，避免出现小病大治或者大病小治的现象。为了有效防止这些现象的发生，可以使用一些诊断设备，及时诊断机械设备故障，并且分析故障发生的原因，进而采取对应的维修措施。当机械设备的某些配件损害后，往往需要重新购进配件进行更换。但是大中型机械设备在购进配件时，订货时间较长，而且价格非常高，造成了机械设备维护的成本大幅提升。但是并非选用加工简单的配件进行替代，而是要对国产配件进行反复测试，符合要求后予以选用。

对于路桥工程施工企业而言，由于企业所拥有的机械设备种类较多，而且数量较大，整体上的维修费用消耗大。如果成立机械设备修理厂：一方面可以降低机械设备的维修费用，降低成本；另一方面还能在服务好企业自身之余，开展各种对外维修服务，获得额外的经济收益。对于施工企业来说，为了能够较好的完成路桥工程的施工要求，往往配置了多种技术先进、功能齐全的机械设备，而且还有许多机械设备在国内并不常见。

# 第五章　信息时代的高速公路施工管理

## 第一节　高速公路桥梁工程施工管理的必要性

　　该管理是施工企业重要的管理之一，与施工单位的经济效益有着直接的影响。只是由于该管理是一项十分繁琐的工作，需要施工单位主要责任人与下属各个部门共同制定与实施。正是因为成本管理复杂而且不容易实施，所以有的施工单位就没有制定相应的成本管理制度，使得施工单位管理员没有发挥应有的作用。进而导致施工单位效益不高。

　　由于有些施工单位看中的直接快速施工能力，而对工程施工管理人员重视不够，没有培养高素质施工管理人员或没有雇佣高素质施工管理人员，从而得不到真实的管理数据。施工管理不仅需要正确的理论，还需要掌握公路桥梁施工实地情况，如果管理人员专业能力不够，就没有办法很好完成这些工作。因为一般专业能力差的施工管理人员不能正确制定工程风险制度，没有办法对突然出现的工程风险进行适当处理，所以施工单位使用高素质的管理人才。

　　施工单位在过程实际施工中应建立，对应监督施工管理人员的管理员，为其制定施工管理人员奖惩制度。由于施工现场的呈现多变现象，很容易出现出工不出力，或者忙碌无成效的问题。因此要求施工管理人员及时进行处理。在项目施工时可向施工管理人员指出不足，对表现好的施工管理人员进行奖励，对于实在不能胜任的施工管理人员进行撤换。此外，有的施工单位因为缺少管理人员事前规划不足，就进行工程施工活动，建筑所需要的物料也是边施工边买，从而导致自己建筑的增加。为了杜绝此类问题，增加施工单位经济效益，施工单位应健全自己的管理力度。

　　施工企业在施工前，虽然制定出成本控制措施，但是实际施工过程中，还是需要项目参与者共同协作才能够完成。每个施工管理员都应做到，对所有管辖的范围工程降低成本，提高施工效率，合理控制好每项资金的支出，确保每项资金都可以用到实处。施工单位管理人员还应积极收集每一天的各种工作情况，分析工人施工过程中出现的怠工现象，并重新给施工工人制定出新工作方式，以提高施工效率的速度，提前完成工期的办法，降低自己的生产成本。

　　在高速公路桥梁工程项目施工过程中，要注意管理的系统性，通过对建筑施工人员的合理调配以及合理的职能安排，做到每个位置都能发挥职能的最大效率。同时对相应的建筑设备和建筑机械在生产操作中合理性和科学性的应用进行细致的安排，对出现的问题进行合理的解决和协调。避免局部建筑项目过多的设备和机械投入，也避免局部建筑项目过少的设备和机械投入。对整个工程进度要严密控制，对容易出现超过设计时间的工作要即时安排递延时间，出现的建筑材料的保障要到位。对前提保障程度不足的建筑材料要及时的跟进，避免施工过程中出现的材料短缺问题发生。当局部出现施工技术不合理和施工考虑方案不细致时，要及时现场进行分析，得出调整意见，对存有较大安全质量隐患的问题要立刻重新开始建设施工。施工中出现的相应辅助生产工作要充分保障，不能会细节问题进行忽视，避免出现问题后不即时处理从而出现程度更大的问题。强化各项环境的管理，也从实际工作中控制成本费用。如此一来，高速公路桥梁工程项目施工才能够正常稳定的进行。

# 第二节　高速公路隧道工程施工质量控制

施工企业在施工过程中，恶劣环境的影响之下，施工企业难以对大型的机械等进行全面的设计，导致工程建设质量等受到一定影响。同时，很容易受到地下水涌或是瓦斯气体的影响，出现严重的施工进度与质量问题，导致隧道施工受到严重影响。

在高速公路隧道施工之前，应当加大管理力度，逐渐提升地层压力的控制效果，以此提升施工工作的可靠性与有效性。在工程实际建设的过程中，施工工序较为复杂，且在多个工种关联的情况下，难以在地下环境中开展综合施工等工作。作业面与空间较为狭窄，对大批量材料进行合理的运输需要制定详细的实施计划。工程施工企业在二个阶段开展施工工作期间，如果未能对各类工序进行合理的联系与融合，很容易在建设期间出现施工进度及质量问题。

在高速公路隧道工程实际建设的过程中，企业应当做好质量管理工作，制定完善的管控方案与责任制度，在各个施工程序中，设置先进的质量监督与管理机制，加大控制工作力度、满足实际发展需求。具体质量管理措施为以下几点：

施工企业在工程建设之前，应当严格管理工程设计图纸，及时发现设计中存在的问题，采取有效措施解决问题，保证工程建设质量。首先，审核机构要及时发现图纸不合格的现象，及时发现其中存在的疏漏问题，采取有效措施严格控制施工工作状态，以免为工程建设造成严重的损失。其次，在设计图纸审核中，要在最短时间之内修改问题之处，将其应用在工程建设中，提升工程施工水平。最后，在对工程施工设计图纸进行审核期间，应当对施工环境进行全面的勘察，将其与设计图纸等相互联系，根据施工现场的实际情况，对具体操作问题进行分析，全面调整设计体系，优化工作机制，满足实际发展需求。

施工企业在实际发展期间，应当对原材料的质量进行管理与控制，创新工作形式，加大质量管理力度，协调各个施工程序之间的关系。具体措施为以下几点：第一，原材料采购环节的质量管理措施。在施工原材料采购期间，企业应当使用招标的方式对其进行处理，创建先进的活动方案，在各个厂家原材料相互对比的情况下，筛选质量较高、信誉度较为良好的生产厂家，在原材料供应的过程中，对其进行严格管理与控制。同时，在原材料进场的时候，应当做好抽样检查工作，获得具体的检查报告，在检查资料中存在质量问题的时候，要拒绝原材料进入施工现场，在检测结果符合规定之后，才能允许进入施工现场。在此期间，还要安排专业素质较高的工作人员对其进行管理，加大管理工作力度，创新管控形式。第二，原材料运输与管理措施。在对施工原材料进行运输与管理的过程中，由于隧道工程施工量很大、周期很长，需要较多原材料，在实际堆放的过程中，如果不能根据原材料品种与类型等对其进行处理，将会导致其施工质量降低。因此，在未来发展的过程中，应当根据原材料类型等，对其进行严格的划分，以此提升管理工作效果。例如，在对砂石材料进行管理的过程中，应当根据砂石粒径情况等，对其进行分堆处理，在分堆之后，可以设置相关隔离设施，以免在混合处理的过程中出现严重的质量问题。同时，在施工现场较为干燥的情况下，应当建立相关水泥库房，按照水泥原材料批准号与日期等对其进行处理，以免出现严重的材料质量问题。另外，在工程建设期间，施工企业还要制定完善的责任制度，提升质量管理工作效果。

## 第三节　信息时代的高速公路机电工程施工监理

随着互联网信息时代的到来，人们的生产和生活都得到了很大的提高，信息技术带给人们的好处数不胜数。在这样的环境背景下，人们就想进一步拓展信息技术的应用。人们在高速公路的工程施工中使工作与互联网技术进行有效的联结，目的就是为了能够将互联网的便捷性、及时性以及精准性和定向性与实际的施工建立工作给予有效的融合。这样就能够有效地提高高速公路机电工程施工建立工作的质量和效果，从而使施工工作更好地满足人们日益增长的精神文明和物质文明的建设需求，使高速公路机电工程为人们的生产和生活提供更大的便利。

我们在将互联网信息技术应用到具体的高速公路施工过程中，需要对其相关的技术进行完善和优化。首先，我们要对传统的建设理念给予完善和革新，对监理的战略、业务以及组织等多个层面进行合理的辨析，并且能够对监理、管理、控制和调整等多个价值链条进行合理的设计和优化，从而使得相应的施工技术会更好地满足社会现代化建设的发展进程。并且在此基础上，有效的突出互联网的价值。

无论是监理的战略层面和业务层面以及组织层面等，都要能够围绕着业主、承包商需求以及相应的体验给予充分的设计。使其逐渐形成互联网的价值模式。

首先，针对监理的战略层面，我们应该能够对用户思维、平台思维、跨界思维等进行明确的工作定位，从而有效的制定相应的监理战略，在这样的基础上，采用较为合理的监理模式。

其次，针对建立组织层面，我们要采用合理的用户思维和平台思维以及相应的考核和管理机制，对组织结构和业务流程给予合理的设计和优化。

最后，我们还要能够从业务的层面上，采用合理的用户思维和简约的思维以及社会化的思维来设计组织的结构，对监理工作进行有效的业务规划，从而在一定程度上，促进监理服务工作的提升。

在此基础上，我们要对相应的施工工作进行紧密的结合，形成一个闭环，不断地将这种动态的价值进行传递。通过这种价值环的模式，能够加固传统的高速公路机电工程的施工的建立，将工作做到有效的优化，使其能够更好地满足业主和承包商的需求，并且根据各方的反应做出回应和调整，保证监理工作的动态循环。

在实际的施工监理工作中，我们可以借助互联网信息技术来建立完善的工作平台，使业主、设计以及施工的人员都参与到施工建立的工作信息平台当中。通过这种信息平台，能够为各方的建设目的和建设效果的实现提供更加积极的因素和条件，便于其对相关信息的了解和存储。

高速公路机电工程建设施工是工作的重点和难点，为此，我们要能够针对这一问题提出有效的策略，来将此问题给予解决。现场的监理人员和施工单位的管理人员可以通过手机的微信和路线将现场的施工过程现状传送到信息平台中，施工监理的人员就能够根据相关的录像信息，对高速公路的机电工程实现有效的施工现场管理，保证施工现场的安全、质量和环境，对施工的进度给予有效的控制。

为了保证施工的质量和施工的安全，施工单位可以每天将实际的项目施工数量以及需要的费用进行统计，保证没有遗漏的上交到施工监理的工作信息平台，这样就能够便于施工监理的审核，实现对资金的动态管理。

通过施工单位监理工作信息平台的建立，我们能够根据实际的情况有效的完善监理文件和管理制度，将相关的文件收集到信息管理系统之中，从而实现对相关的文件资料的精确管理，提高文件资料管理的准确性和科学性。

# 第六章　公路桥梁设计理论研究

## 第一节　现代公路桥梁设计的创新理念

公路桥梁是现代建筑工程的重点项目，它在人类的日常生活中起着十分重要的作用。随着国民生活水平的不断提高，对于交通基础设施的质量要求也越来越高，传统的公路桥梁设计方案已经无法满足现代社会的实际运输需求。本节将探析现代化公路桥梁设计的创新理念，以期促进我国基础设施工程的创新发展。

桥梁是社会经济与文化往来的重要纽带，是现代交通的重要组成部分，随着科学技术的发展，公路桥梁的功能性越来越复杂，它不仅需要满足通行车辆的运输要求，还要确保行人的安全性，为了达到更好的服务效果，有关部门必须加强现代化公路桥梁设计的创新力度，提升建筑整体质量。

### 一、现代化公路桥梁设计相关内容综述

现代化公路桥梁设计理念分解。公路桥梁是现代建筑工程的重要组成部分，它在现代化交通运输体系中扮演着至关重要的角色。与传统设计理念相比，现代化公路桥梁设计的水平得到显著的提升，它不仅可以满足人们的审美需求，还能为人们提供更加多样化的服务。设计人员可以结合建筑地的实际情况，将设计理念与周边的环境相融合，达到更加良好的设计效果。

近年来，我国建筑行业取得了突飞猛进的发展，设计理念也在不断丰富，传统的公路桥梁设计已经无法满足当今社会的建筑需求。现代化公路桥梁设计应当以环保为主要前提，以功能性为依据，不断地提高桥梁整体质量，创建出具有中国特色风格的设计作品。设计人员在开展设计工作前，需要综合考察建筑地周边的环境，必须保证桥梁与周边的环境相吻合，采用高科技环保材料，重视对各项数据的计算，树立起科学的设计理念，进而使桥梁的性能得到显著的提高，为人们的外出通行创造良好的条件。

开展现代化公路桥梁设计的必要性。近年来，我国交通运输事业得到飞快地发展，各区域间的往来越来越频繁，交通基础设施的运输负担不断增大。在公路桥梁的设计实践当中，设计人员往往将重心放在桥梁本身的强度上，而忽略了其耐久性问题，致使桥梁无法

达到建筑工程的刚性需求，也无法产生良好的设计效果。公路桥梁进入到使用阶段后，各种大大小小的安全问题随之出现，桥梁很容易受到周边环境及地质灾害等影响，致使后续的维修工程明显增加，为工程项目带来不必要的负担。对此，设计人员应当创新思想，结合不同区域的环境及地质情况，开展现代化设计工作，不断地总结设计经验、充分地掌握影响桥梁安全性与功能性的因素，在此基础上做出科学可行的设计方案，使公路桥梁的质量真正地得到保障。

影响我国公路桥梁设计安全性的因素。目前，影响我国公路桥梁安全性的主要因素为施工技术问题。施工选择的技术方案可行性不够或者施工设备的使用不当，都会影响公路桥梁的总体质量。由于施工人员没有按照国家规定的施工规范开展施工工作，致使许多工程在竣工后都会出现裂缝、移位等问题，为工程项目带来巨大的经济损失。

路桥施工是一个复杂且系统的过程，不同施工阶段需要设置不同的重点规划项目，还需要合理地安排设计时间。但在一些地势情况较为复杂的工程项目当中，由于设计人员并没有对设计方案进行可行性评估，致使后续的施工受到严重的阻碍，使项目最终留下诸多地安全隐患。

此外，除设计与技术问题外，维护工作的缺失也是影响路桥工程质量的关键因素。由于公路桥梁本身具有特殊性，因此需要设计人员采取一定的科学手段，对桥梁进行精细化的维护。如果人员对维护工作不予重视，致使前期维护工作不到位，各项施工都无法达到参数标准，最终导致桥梁损坏。对此，设计人员应制定科学的养护方案，并安排专人开展施工现场监督工作，以实现对施工过程的全方位、动态化维护。

## 三、现代化公路桥梁设计中存在的问题分析

设计理论缺失。在开展道路桥梁设计工作的过程中，设计人员需要首先衡量方案的科学性与经济性，选取最合理的结构方案，在此基础上计算与衡量结构整体的安全系数，确保其满足建筑实际要求。近年来，安全问题始终困扰着公路桥梁的建设工作，桥梁结构、桥梁材料等都存在耐久性不足的问题，加之设计人员对安全性问题考虑不充分的影响，致使部分公路桥梁存在受力不明确等问题，为交通运输带来了巨大的安全隐患。

日常生活中，人们经常会发现仅仅投入使用 5 年的公路桥梁就出现了安全问题。这主要是因为设计人员在设计阶段对桥梁本身的安全性要求过低，没有结合实际情况对桥梁进行科学分析，只保证设计强度刚好满足安全规范即可，致使桥梁在非正常称重情况下极容易引发安全问题，为人们带来巨大的经济损失。

施工过程中存在的安全隐患。随着城市化进程的不断加快，国家对基础设施建设的投入力度也越来越大。诸如市政排水系统、公路道路系统等的数量越来越多，为国民出行带来了巨大的便利，但由于施工的速度不断加快，工程质量问题也越来越突出。道路桥梁对于耐久性有很高的要求，但目前，我国大部分道路桥梁工程项目在施工过程中都存在一定

的质量问题。例如，一些承包方为了在投标期间脱颖而出，采取恶意低价的行为，为了获取到更大的利润，开发商常常会将项目包给一些经验不足且资历较低的工程队，进而导致施工材料质量差、工程无法达到安全规范要求等问题，这些因素都导致施工过程受到巨大的影响。

公路桥梁缺乏系统的维护。桥梁在建设完毕后就进入到维护阶段，维护水平的高低直接影响到桥梁的整体质量。而良好的桥梁养护工作则会保障建筑长期处于安全状态。但目前，我国大部分道路桥梁工程的维护工作都缺乏系统性，负责维护的某些工作人员业务素质不高，无法及时发现问题，致使桥梁的耐久性不足、寿命普遍减少。一些工程队为了逃避责任，直到不得不修时才开始安排工作，致使维修效果差强人意，桥梁的质量也没有得到明显的改善。对此，维修人员应当将道路桥梁看作为一个系统的工程，定期开展养护工作，合理地进行维修工作安排，确保桥梁保持长期稳定的运行状态。

## 四、现代化公路桥梁设计要点

遵循安全适用性原则。目前，我国现有的路桥设计理念仍然不够完善，由于缺乏科学的引导，路桥设计工作也存在着诸多的问题。对此，设计人员应当遵循安全适用性原则，将桥梁的安全性放在首位。充分按照国家规定的安全系数开展设计工作。使桥梁的整体结构得到良好的改善，使桥梁的使用寿命得到延长。

重视结构设计。结构设计是公路桥梁设计的重点，设计人员需要熟练掌握结构设计各项学科知识，在此基础上加大对结构分析与构件连接等工作的重视力度。目前，我国路桥设计大都将重点放在建筑物的安全性需求上，进而忽略了结构材料的选择、结构体系的维护等方面的重要性，致使桥梁整体的延性不足、冗余性小，严重地影响了结构整体的安全性，因此，想要提升桥梁建筑的安全性，设计人员就应当充分认识结构设计的重要性。

重视对周边环境的分析与利用。一个优秀的设计人员，懂得利用环境的优势为建筑增光添彩。因此，除了要加强对建筑项目的质量管理外，还要不断地创新思想，采用新观点与新方法，制定出创新的设计方案，综合考虑路桥工程的疲劳超载与结构布局等问题，使工程项目能够达到更加满意的建筑效果。

## 五、现代化公路桥梁设计的创新理念

重视桥梁结构的耐久性设计。耐久性与安全性是衡量现代化公路桥梁质量的两大重要指标。从一定程度来讲，耐久性也受到时间的限制，许多工程项目通过采取中期干预与后期养护等方法，使桥梁结构的耐久性得以延长。设计人员应当结合周边环境，选择最合适的结构类型、最合理的性价比，做好成本控制工作。在进行图纸设计时，设计人员也要将耐久性纳入到考虑范围内，最大限度地满足人们对桥梁的功能性需求。

加强对疲劳损伤问题的研究。传统的路桥设计将重心放在建筑的经济与社会效益上，对桥梁本身的性能研究不足，随着建筑技术的不断改进，人类对路桥设计有了全新的认识，疲劳损伤逐渐引起了人们的重视。疲劳损伤会对路桥结构带来巨大的危害，虽然一些桥体从表面上看没有明显的问题，但其内部可能已经产生严重的疲劳损伤，一旦遇到自然灾害或人为震动，路桥就会出现断裂、塌陷等问题。对此，设计人员需要采取现代化的路桥设计理念，重视桥梁的疲劳损伤，在设计阶段通过相应的措施来避免桥梁产生疲劳问题，使桥梁的安全性得到最大的保障。

仿生材料的探索。我国作为发展中国家，为了尽快达到发达国家的经济水平，应当进一步加大对路桥建设的重视力度，构建起现代化桥梁设计体系，坚持材料、技术、管理上的创新。在可持续发展理念的带动下，国家应当加大对新型仿生材料的重视与使用。仿生材料是在原有设计材料上的创新，它不仅可以满足现代建筑的环保要求，还能够使材料发挥出最大的效果。目前，大部分国家都已经加入到仿真材料的研究工作当中，并研发出新型环保染色材料等，使建筑物在白天也能充满丰富的色彩，为人类带来巨大的视觉冲击。太阳能材料的使用可以为路桥提供更多的能源，为桥梁的可持续发展提供支撑；蓄光材料的使用也可以使桥体达到夜间自动发光的效果，为人们的夜间活动提供更好的光源条件。

本节从路桥设计的影响因素、存在问题以及改进策略等方面对现代化桥梁设计进行了详细的讨论，并找出我国路桥设计体系中存在的不足，争取为我国路桥建筑工程的创新提供更多的技术保障，促进我国现代化桥梁设计向着更好的方向发展，推动我国综合国力的提升。

# 第二节　山区高速公路桥梁设计特点与方法

通过对山区高速公路桥梁设计应考虑的特殊因素进行分析，指出了山区高速公路桥梁设计需遵循的原则，从桥梁上部结构、桥墩和桥台设计三个方面对桥梁设计方法进行了研究，以供参考借鉴。

高速公路建设为人们的出行提供了便利，同时也有助于促进市场经济的发展。桥梁是高速公路建设中的重要连接点，尤其是在山区，桥梁设计的科学性和合理性是非常重要的。桥梁设计的科学性和合理性不仅直接关系到桥梁质量和使用寿命，同时对高速公路的建设与使用具有重要的影响。因此，做好山区高速公路桥梁设计具有非常重要的意义。

## 一、山区高速公路桥梁需要考虑的特殊因素

山区高速公路桥梁设计过程中，设计人员必须要充分考虑山区的特点，综合分析可能对桥梁使用寿命造成威胁的因素。山区高速公路桥梁设计需要考虑的特殊因素主要包括：

（1）做好地质勘查工作，提高地形测量精度，加强水文调查工作，确保施工现场勘

察工作质量以及各项数据资料的准确性和全面性。

（2）充分考虑桥梁结构的附加力，加强斜、弯、坡等问题对桥梁结构附加力影响的研究，尤其要注意曲线桥梁在水平和弯曲侧力等受力分布上的共同作用下，受力程度不同，桥梁结构受到的影响也就不同，因此，做好空间计算工作是非常重要的。

（3）合理控制高墩长桥的稳定性和可控性，充分关注长桥位置变化、横桥方向和桥梁方向位置变化等问题。

（4）对纵深陡坡的下部结构进行充分的分析、研究，综合考虑和选择桥梁下部结构的基础形式，确保陡坡结构的稳定性，注意边坡结构和挡墙的布局设计与桥梁构造物的顺利衔接。

（5）合理确定桥梁纵、横坡及桥梁平面的形状，分析行车对桥梁造成的影响，同时要尽可能地将纵坡变化点和交点设计在桥梁支点附近。

（6）针对地势较高的山区，桥梁设计时要重点考虑桥址特征和桥梁的结构形式，做好抗震设计工作，同时，结合实际情况，合理设置抗震挡块。

（7）重视伸缩装置的优化设计，保证安全性和桥梁结构的整体性。

（8）注意桥面排水结构设计，防撞击结构设计，提高桥梁的使用寿命，同时也是保障行车安全的重要举措。

## 二、山区高速公路桥梁设计需要遵循的原则

结构安全原则。通过可靠的结构计算分析和合理的构造处理等措施来保证桥梁结构的安全性和稳定性。由于山区的气候条件和自然环境比较复杂，因此，山区桥梁设计时还应该充分考虑水力、冻胀力、雪荷载、强风荷载等对桥梁结构的影响。

经济性原则。山区桥梁设计过程中，设计人员要充分关注技术经济指标，以保证所设计的方案在满足设计要求的基础上，最大限度地节约工程成本，取得良好的经济效益。

因地制宜原则。结合桥梁的功能和现场施工环境选择合适的桥梁结构形式。桥梁结构设计时，设计人员必须要充分关注当地的地理条件、环境特征和人文条件等，使桥梁设计做到因地制宜。

协调性原则。桥梁的设计建设要与周围自然环境相协调，尽可能地降低对周围生态环境的破坏，避免大填大挖山体，保护生态环境。

## 三、山区高速公路桥梁设计方法

山区的地质条件复杂、恶劣，在对高速公路桥梁设计期间经常会遇到陡崖、滑坡以及岩溶等情况，此时需要相关设计人员必须对施工现场的实际地质情况进行深入勘察，如果不重视实际地质状况，很可能会对桥梁质量和桥梁的稳定性造成不良影响。

山区高速公路桥梁上部构造设计。设计人员在设计山区高速公路桥梁上部构造时，要

选择合适的上部构造形式。在确定桥梁上部构造形式时需综合桥梁的受力情况以及使用的经济性等问题。在预应力混凝土连续曲线桥梁的设计期间，设计人员要综合考虑温度、预应力、活载偏载等方面因素，因为这些都会在一定程度上引起附加应力，可以采用具有较强抗扭能力的整体式的闭合箱形式的上部结构，尽可能地避免弯扭作用力的出现。对于跨径较大的桥梁而言，其上部结构形式适宜采用悬臂浇筑箱梁的形式。对于跨径中等的桥梁而言，其上部结构形式适宜采用预制拼装多梁式 T 梁形式，该形式的优点在于成本造价低、施工方便，在保证施工质量的同时，还有助于工程成本造价的降低。如果想要在曲线桥中采用预制拼装多梁式 T 梁形式，无法保证梁体的抗扭性能和平衡性能，可以采取有效的措施来减小曲梁弯扭作用。除此之外，在需跨越沟壑的高速公路桥梁设计过程中，适宜采用拱桥的形式，这种桥梁构造形式的优点在于具有较强的跨越能力，且工程成本造价比较低。需要注意的是，设计人员在采用这种桥梁结构形式时要充分关注结构的整体性和舒适性。比如，可以在拱桥建设过程中采用临时固结构体系，提高桥梁的整体性，从而更好地满足高速公路桥梁的设计要求。

山区高速公路桥梁下部结构设计：

桥墩的基本设计要求。对于墩高度低于 40m 的桥墩，适宜采用 Y 形薄壁和柱式墩，其中应用最为广泛的为柱式墩，柱式墩又包括方柱和圆柱两种，方柱的优点在于协调美观；圆柱的优势是方便与桩基衔接，质量易于控制。

高墩的设计要求。通常情况下，通过强度来控制较矮桥墩的设计，而高墩设计过程中，设计人员不仅要充分关注桥墩的强度，而且还要保证桥墩的稳定性。在高墩设计过程中，设计人员要综合考虑桥梁上部结构的重量，墩柱与上部结构的连接方式和现场施工状态等因素，确定科学合理的受压柱有效长度。高墩设计过程中，设计人员要充分关注空心薄壁墩的设计。桥墩布置时要充分考虑桥墩位置的地质条件、周围环境和地形地貌特征。比如，桥墩布置到河流河床主槽中，不仅会起到阻水作用，同时还会造成局部冲刷增大，这就要求设计人员采用合适的桥墩截面，使桥墩的阻水面积得到有效的减少。

桥台设计。山区高速公路桥梁设计中常用的桥台形式包括桩柱式台、肋板台和重力式 U 形台。其中应用最为广泛的是重力式 U 形台。按照相关规定的要求，重力式 U 形台的高度尽可能控制在 10m 以内，这样比较容易满足桥台背后填土压力的要求。由于桥台是公路与桥梁的衔接部位，因此，桥台的设计对于桥梁的整体性、稳定性和安全性起到非常重要的作用。设计人员在山区高速公路桥梁桥台设计过程中要注意以下几点问题：首先，桥台高度与桥梁上部结构的长短有直接关系，在桥台设计过程中，应该尽量降低桥台高度，这样虽然可能会导致桥梁上部结构长度延伸，但是更加利于施工，从而保证施工质量和进度。其次，桥台设计时，为防止桥台产生台身竖向开裂和剪切破坏，可以采用换填片石混凝土或碎石的方式对基底进行处理，同时对于高度较大的重力式桥台，宜在墙身外露面及结构倒角部位增设钢筋网，可以有效的防止高桥台在受力较大时产生裂缝。

总而言之，高速公路建设对于经济发展起着非常重要的作用，而我国幅员辽阔，地势地形复杂多变，山区高速公路建设中首先要考虑的就是桥梁设计问题。山区高速公路桥梁设计过程中，设计人员要充分考虑山区的地质条件、气候环境、水文特征等特殊因素，严格遵循安全、经济、因地制宜和协调性的原则，优化桥梁上部结构、桥墩和桥台的设计，从而保证桥梁设计的科学性和合理性，提高桥梁质量，促进高速公路建设的发展。

# 第三节　公路桥梁设计中的新理念与实践

阐述了对公路桥梁设计关键性要求，主要有设计基础、成本价值、设计环境、功能要求、实施技术、监控维护等相关内容，然后推出了公路桥梁设计的新理念，包括设计能力的革新，施工技术的不断发展，改善桥梁工程防自然灾害技术，提升从业人员素质等内容。

城市基础设施建设在不断完善，公路桥梁的设计建设不但要达到城市化的功能需要，同时还应该顺应时代的发展。所以很多新型的设计理念不断在实际项目中得以运用，下面将重点对当前的公路桥梁设计中新理念的应用展开分析和研究。

## 一、公路桥梁设计关键性要求

从当前公路桥梁的设计发展历史分析，在最初阶段中，主要体现的是粗犷型的设计，随着人类社会的不断发展和进步，公路桥梁的设计也在逐步地探索发现，已经发生了巨大的改观，具体从以下方面加以突显：

设计基础。公路桥梁的设计理念要体现出精细化的要求，当前很多工程的设计标准要求过高，反而失去了设计的初衷。

成本价值。公路桥梁在设计过程中，首先要保证的是整体工程的质量，同时还应该控制工程的成本，这是提高工程经济效益的关键。

设计环境。在公路桥梁设计中，应该深入了解当前公路桥梁建设施工所在地区的地质条件、影响设计的因素以及周边地理环境所带来的影响，从而确保施工顺利进行。

功能要求。公路桥梁的设计都要从当地的发展趋势方面入手，要以政府的发展需要为导向，还应该考虑到当地的人文历史环境，体现出功能性的具体需要。

实施技术。公路桥梁的设计到实施主要包含了下面两个方面，其一是设计人员要具备非常专业的技术知识，从专业结构设计以及结构数据分析，同时还应该具备较强的审美观；其二是设计人员应该非常清晰的了解设计方案，同时也要具备非常强的专业技术和责任感。

监控维护。公路桥梁从设计初级阶段到施工建设中，整个阶段应该设置更加严谨的监控系统以及优秀的管理团队对整体工程进行跟踪和管理。公路桥梁设计还应该加大投入使用之后的维护管理力度，确保其安全性达标。

## 二、公路桥梁设计的新理念

国内的公路桥梁设计发展非常迅速，在充分的利用国际先进技术资源的基础上，已经逐渐形成了具有我国特色的设计艺术以及工艺。进入到 21 世纪之后，中国桥梁设计更是发生了巨大的变化，很多具备先进技术水平的大跨度桥梁都展现出其独特的魅力，同时也根据当地的地理条件完成了各种主干公路的建设施工，更有一些跨海桥梁建设完成并且投入使用。这也就说明了我国桥梁设计已经完全可以满足当前社会的发展，同时也展现出较强的综合实力。

设计能力的革新。公路桥梁的设计已经不仅仅是一项单一的工程技术，应用了很多新型的设计技术之后，整个公路桥梁设计领域提供了非常广阔的发展空间，同时也使得该领域持续创新。

（一）不断发展的勘测技术

GPS 定位系统和 CAD 集成系统逐渐应用到桥梁工程中，可以更加准确的获取地理信息，同时也能够改变传统设计人员的劳动作业，且勘测精度和技术水平有了很大的进步。

（二）设计想法的改变

城市公路桥梁中添加了非常多的设计元素，在设计想法的引导之下，很多具备较强的安全性、经济性、环保性以及美观性的公路桥梁设计方案应用到实践中，给整个桥梁设计领域带来了非常大的发展潜力，也具备了较高的艺术价值，彻底改善了城市环境。

（三）完善的设计理论

城市公路桥梁设计中的结构、数据分析、结构优化设计等理论都在开始不断完善和发展。在充分利用先进设计理念之后，加入了新鲜的元素，结构数据分析方法中非线性的空间分析方法也同时取代了线性平面杆系分析方法。

（四）设计技术的进步

公路桥梁设计领域的发展从传统的手工方式逐渐地转变为先进的计算机方式，同时也逐渐地开发并且应用在了公路桥梁设计的 CAD 集成系统软件中，设计水平大幅提升，满足了社会发展的需要。

（五）大跨度公路桥梁设计能力的提高

从我国经济发达城市中，逐渐开始大范围的修建桥梁工程，很多人口密集度较高、用地比较紧张以及城市发展较快的城市中，设计出大跨度的桥梁工程对于整个城市的发展也是非常有必要的。在国家各级单位以及各个交通事业部门的带动之下，汇集了大量优秀设计人员，从而可以设计出非常具有现代化特色的桥梁工程，很多大型的桥梁已经投入使用，在世界范围内都具有非常大的影响，彻底地改变了我国传统的交通运行状况。

施工技术的不断发展。优秀的桥梁工程设计方案需要有非常先进的施工技术作为支持。大跨度的桥梁施工技术逐渐趋于成熟及稳定，需要经过多重的考核和实践，可以全面提升创新能力，应用更加全面的施工技术。城市公路桥梁在建设施工阶段可以大大提升施工效率，有效缩短施工周期，桥梁施工监控和集成管理技术也在快速发展和进步，促进我国交通事业的不断发展。

改善桥梁工程防自然灾害技术。近年来自然灾害发生率居高不下，很多桥梁都受到严重的影响，这也对设计人员提出了较高的要求。对于地震灾害来说，桥梁工程应该具备较强的抗震性能，以达到安全性和耐久性的要求。所以在设计的过程中，要综合考虑多个方面的影响因素，深入研发桥梁抗震技术，同时可以保证桥梁施工能够顺利进行，也具备人们所要求的性能，具体从下面几点实施：

在城市公路桥梁的设计中，需要根据不同的使用情况选择不同的设计标准，满足道路桥梁的抗震、防震性能。比如，大跨度桥梁就应该以该类桥梁的抗震和防震设计理论为基础，同时还应该充分考虑到抗震防震的技术标准，此外，也应该考虑到桥梁结构中的抗风、防风以及风速振动控制方面的研究，以消除各个方面的自然因素给整个桥梁安全性所造成的影响，从而可以全面提升道路桥梁的安全性，满足现代化发展的需要。

提升从业人员素质。公路桥梁事业的发展，设计人员数量在持续上升，综合素质也在逐渐提高，从过去单一的仿效、学习以及单调设计方案，已经逐渐开始进行创新和发展，设计逻辑思维能力逐渐提升，改革和创新逐渐的应用到桥梁工程的设计领域中。桥梁设计中不断引入先进设计理念，从而可以改变当前的工程技术能力，还应用了很多的先进思想和施工工艺，新材料、新技术不断涌现并且应用到设计中，满足了桥梁设计发展的需要。

当前我国的公路桥梁设计中新理念的发展与应用取得了非常好的效果，但是这并不能作为我国的终极目标。而应该以此为基础，继续发展和进步，在未来发展中，应该加强技术研发，要处理好复杂环境中桥梁设计的问题，从而可以为交通事业的发展和进步做出贡献。

# 第四节　公路桥梁设计中的耐久性分析

公路桥梁工程的建设周期很长，所消耗的资源和成本很大，为了降低维护管理费用，减少经济发展所付出的代价，就要保障工程使用寿命符合设计标准，采用各种方法提升公路桥梁的耐久性，认真做好规划设计工作，实行严格的施工管理，针对设计中的结构问题加以分析和研究。

公路桥梁承担着一个地区之内繁重的交通运输的重任，需要拥有极强的承载能力和抗压性能，公路桥梁的耐久性是评价工程建设质量和水平的一个重要指标。投入使用后要尽量避免过多的出现病害问题，否则就会影响到公路运输的正常运营，不利于当地经济的快速发展，因此要在设计阶段全面考虑各方面的因素，做好公路桥梁主体结构的设计和规划工作。

# 一、桥梁结构设计耐久性不足的后果

耐久性是衡量一个工程质量的重要性能，公路桥梁的结构在设计之时，如果没有做好全面细致的测量和调查，在一些环节上出现了一些偏差，很多数据信息的准确性不足，导致结构设计出现漏洞和缺陷。这样就会对整个工程的质量造成严重的影响，在施工中没有将这些问题查找出来，那么工程一旦竣工后交付使用，就会暴露出很多病害问题，当地政府或者相关的主管部门就要耗费更多的人力物力来维护和保养。即使如此，很多病害问题也是很难依靠这样修修补补能够彻底解决的，要进行加固或者大面积检修，将会花费更多的资金和精力，结构设计的不合理所造成的损失是很巨大的，结构定型以后就很难整改和变更，造成的耐久性严重不足也是一直困扰管理人员的难题。

施工和管理方面问题突出。随着我国基础设施工程的大规模建设，逐渐发现当前很多的公路桥梁在建设完成后，使用不久就会出现很多相似的问题，经过多年的建设，这些问题已经成为共性问题，而且难以得到根治。公路桥梁的耐久性受到了很大的损害，出现这些问题的原因主要在于施工阶段的相关工作没有到位，质量监管力度较弱。在施工中，由于公路桥梁的建设需要分成很多不同的阶段，在每个阶段中都需要不同的施工技术和标准，如果没有严格地按照相应的设计标准进行施工，在某些环节中就会出现很多的质量隐患，一旦投入使用，经过车辆的反复碾压以后，这些问题就会成为威胁到行车的安全性与工程自身的稳定性。同时，施工的管理工作存在很多违法违规的现象，这种现象的出现虽然不会像具体施工那样表现的颇为明显，但这是深层次和根本的原因，在管理上不注重材料的质量和施工技术的合理运用，所形成的损害是针对整个工程建设的，将影响到整个施工的全过程，目前这些问题已经非常的突出，必须要进行严格的惩处和治理。

设计理论和结构构造体系不够完善。从设计规划的角度来讲，设计人员对于公路桥梁工程的主体结构设计缺乏合理的构想和思路，没有将实际情况与理论相结合，按照自己的意愿和一贯的思路做出规划，这种做法是很盲目的，根本不能与工程建设的真实需求相符，导致整个结构的体系存在较大的漏洞，会对工程主体造成很大的损害，而且会在后期逐渐显现出来。

提高公路桥梁耐久性的方法：

加强对桥梁寿命的深刻认识。工程建设的管理人员和施工人员不仅要履行好自身的职责，还要深刻地认识到桥梁的耐久性是工程建设的重要评价指标，也是基本的建设标准和要求，不能有一丝一毫的懈怠。而对于设计人员来讲，结构合理设计对于公路桥梁工程的耐久性来说至关重要，怎样重视都不为过，设计人员要充分认识到这一基本指标的重要性和必要性。

重视对疲劳损伤的研究。影响公路桥梁使用的耐久性的一个重要因素就是疲劳导致的损伤，很多人认为这是公路桥梁使用长时间后的正常现象，属于设施老化问题，但是从公路桥梁的使用寿命的角度分析，疲劳损伤与老化导致的病害问题还是有区别的，这是在高负荷的运转下短期内就形成的疲劳损伤，主要来自于繁重的交通压力，设计人员要重视重压下公路桥梁产生的疲劳损伤情况，来加强结构的坚韧程度。

充分重视桥梁的超载问题。根据专家学者的调查研究，超载存在着三种情况。第一种情况，道路桥梁超负荷运转，其一直以来承受着超过自己载重强度的重量，就像人透支潜力会损害生命力一样，道路桥梁一直超负荷运转也会降低其耐久性；第二种情况，桥梁到了"退休"的年龄，可由于各种情况还得继续服役，由此造成了超载，这样也损害了桥梁耐久性；第三种情况则是由于汽车司机明知故犯了，违反规定运送货物。

积极借鉴国外成熟经验。科学是没有国界的，适用于外国的技术不会因为国籍不同而不适用于我国，因此，在遇到困难需要解决问题时，我们可以借鉴国外的成功经验，国外同样有桥梁耐久性差的问题，参照外国的处理方式，这样一来多了条思路，节省时间，二来可以弥补我国在道路桥梁设计建设领域的不足之处。上文中提到过我国道路桥梁耐久性差的问题主要是在技术和管理上，对于技术方面的问题，我们可以学习国外的处理方法。

总而言之，公路桥梁耐久性差的问题是由于管理腐败以及设计理念不完善等问题造成的。为了解决问题，提高桥梁耐久性，我们需要先集中力量解决主要矛盾，把主要问题解决了，之后再彻底解决耐久性差的问题，使人民能安心的出行。

# 第五节　公路桥梁设计关键技术及解决措施

在公路桥梁快速向复杂化、大型化等方向发展的进程中，传统的桥梁设计方法在实际工作中出现的问题越来越多，已经无法满足实际工作需求，不仅影响设计进度和质量，还会因为方法的单一性而导致设计受阻。因此，在桥梁设计领域应用和发展新方法是十分必要的，其中的结构化方法在近几年得到桥梁设计者的高度重视。

## 一、公路桥梁设计当中常见的隐患分析

公路桥梁设计方案落后，缺陷突出。在实际的桥梁设计中，设计人员多主要考虑基于桥梁结构压力强度计算上的安全度需要，而常常忽略从桥梁结构体系和结构应力、结构材料和耐久性上去保证桥梁的安全系数。同时，一些设计人员在设计桥梁的环节中仍在沿用过去陈旧的桥梁设计方案，缺乏对设计的创新，制约着桥梁设计水平的提升。规划设计的不合理、设计观念落后、缺乏对设计方案的创新这些突出问题都容易导致桥梁结构设计上的缺陷，在投入使用时，很容易出现安全隐患问题，影响桥梁的使用，引发安全事故。

桥梁设计缺乏综合型的周详考量。公路桥梁的安全隐患常常来自于设计环节的不合理不全面，在桥梁的设计环节，尤其是细节问题上，如果不能够全面把控，很容易造成设计

上的缺陷。桥梁设计中，仅仅考虑结构强度，并以此作为安全的衡量标准，是不科学不合理的，桥梁在建设和使用时，都会受到自然环境和人为因素的影响。因此在设计之初，就必须要全面综合考量可能会对桥梁安全造成影响的各方面因素，综合考虑耐久和抗腐蚀的结构强度特征，避免公路桥梁结构失衡等隐患的发生，提高桥梁的设计科学性合理性。

设计人员自身专业能力缺陷。公路桥梁的设计环节是桥梁建设中的重要环节，也是桥梁施工时的最主要的参考依据。设计中的许多因素都会对桥梁设计的科学性产生影响，造成安全隐患，其中重要的一项就是设计人员自身专业能力的限制。桥梁设计人员在设计过程中，缺乏一定的桥梁设计专业知识和经验，很容易出现考虑不当，设计出现缺陷等现象。许多设计人员，通常只考虑道路桥梁的使用职能，在设计上一味沿用以往的设计经验，缺乏创新精神和意识。甚至个别的设计人员缺乏安全理念和端正的工作态度，这也是桥梁设计隐患存在的重要原因。

## 二、公路桥梁设计的内容

在经济技术的发展，即使公路在桥梁的设计发展中取得了较大的进步，但其在发展的过程中仍然存在着部分不足的地方，而影响着公路桥梁全面性的发展工作。使其在开展工作的过程中存在着安全性与耐久性的问题，危胁着人们的安全，公路的桥梁设计核心为安全性，在工程的建设发展中公路桥梁的设计发展对交通的行驶及人们的行走有着重要的影响，如果在建设设计的发展中存在着质量问题，就会影响人们的安全，导致桥梁在设计中不能够有效的提升工程的发展。设计的过程中不仅存在着质量上的问题，还存在着耐久性方面上的问题，导致公路桥梁在投入使用的过程中，存在着许多问题，导致汽车在行驶的过程中存在着安全性的问题，影响公路桥梁的使用寿命。公路桥梁设计在工程的建设发展中主要的结构分为上部结构与下部结构两个部分，其在设计中桥梁上部结构中分别设计有桥台、洪水位、支座、桥跨结构等方面的设计，而下部的结构中设计有通航水位、低水位、桥墩、基础及惟体护坡的设计。

## 三、优化公路桥梁设计的措施

### （一）重视公路桥梁超载

在我国的公路桥梁建设工程中，相应的超载问题频繁发生，它为公路和桥梁带来了巨大的负担，长此以往，就会对公路和桥梁造成一定的损坏，加快老化速度。在现存的超载方式一般可分为三种，一个是车辆本身的运行较多，导致通过量超出了设计本身的限制；一个是道路和桥梁的使用率已经超出的了年限；最后一个就是大家都知道的，也是最为常见的车辆装载超重运行。这样的超载现象会导致路桥出现一定的疲劳和损伤，长此以往的作用下去，就会导致损伤加重、加快老化。从另一个层面来看，这样的超载所导致的路桥损伤是对它的内部构造造成了伤害，也就是说，这一过程是不可逆的，仅仅能最大限度地将路桥恢复到正常运行的状态，但终究是带病运行，无法保证相应的安全性和耐久性。这样的问题，即使是在工程的建设阶段对指标进行满足，也不能避免超载对他造成伤害，出现裂缝、降低路桥持久度和安全性问题的发生。因此，针对超载问题存在对路桥安全性和耐久性产生的危害，需要公路的管理人员进行工作的配合，促进他们加大相应的工作力度，限制车流量和车载重。

## （二）重视设计过程中的疲劳损伤

公路桥梁在通车运营之后，车辆的长期运行会对桥梁结构产生较大的荷载作用力，经过长时间的积累，公路桥梁结构会逐渐形成疲劳损伤，并且如果车辆的荷载作用力超过桥梁承载的极限，还会导致这种损伤进一步加剧。因此，桥梁设计人员需要充分重视桥梁疲劳损伤的问题，由于桥梁的各个结构并非一个完整的整体，连接位置必然会存在一些小的缺陷，疲劳损伤如果长时间存在，就可能导致这些小的缺陷不断放大，导致桥梁结构出现问题，严重的甚至可能引发安全事故。从之前出现的桥梁安全事故来看，由于桥梁结构疲劳损伤引起的事故占据较大的比例，因此，设计人员在公路桥梁的设计过程中需要进一步加强对桥梁结构疲劳损伤控制措施的研究。

## （三）BIM 技术在公路桥梁设计中的应用

在公路桥梁设计中合理地应用BIM技术能够有效地提高工作效率，进而保证施工质量。就公路桥梁的设计而言，由于建筑难度较大，在设计和施工的过程中可能会出现很多不可控的因素，这些因素会使得设计出现结构上的误差，从而为工程质量埋下了巨大的安全隐患。这时可以通过 BIM 技术对路桥设计的细节进行优化，如此才能够提高工程方案的可行性。

加强对公路桥梁的养护管理。公路桥梁超载主要表现为以下三种情况：①公路桥梁的设计载荷较低，而实际车流量远远超过预期，就可能导致公路桥梁超载；②较早之前设计并投入使用的桥梁，桥梁的各种部件已经老化，导致其承载能力下降，就可能出现超载的情况；③由于车辆驾驶人员超载运行而导致的公路桥梁超载，一般主要是大型的货车超载。其中第三种超载情况会直接对公路桥梁结构造成严重破坏，并且无法修复，严重威胁到公路桥梁的安全性和耐久性。针对这一问题，公路桥梁管理部门需要进一步加强对桥梁通行车辆的管理，并定期对桥梁的结构进行质量评估，根据评估结果制定针对性措施进行维护，全面保证公路桥梁的安全性和耐久性。

GIS 技术在道路勘测设计中的应用。"GIS 地理信息系统可以为用户提供资源的分布展示"，在进行道路勘测设计时，GIS 技术可以为其提供详尽的、全面的地形数据资料。设计人员只需要利用计算机信息技术便可将 GIS 技术所提供的信息呈现出来，并通过鼠标在可视数字化地形图上进行截点标记，这样设计人员便可以更方便地制定路线方案，并从中选取出最佳方案。传统的道路勘测设计涉及大量外业工作，工作强度大、难度高，给前期设计规划人员带来了沉重的负担，而 GIS 技术的应用可以有效地减轻工作强度，提高工作效率，完善工作细节。

在工程的建设发展中，公路桥梁设计关键技术的发展在工程的建设中有着重要的作用，因此在桥梁的设计中加强相关技术人员在建设过程中的设计技术的水平，同时进行相关工作的质量发展水平的监督工作，能够有效地提高桥梁在投入使用的过程中具有一定的安全性与持久性，从而有效的促进桥梁设计的发展。

# 第六节　跨越公路的桥梁设计分析

以某跨越高速公路桥梁设计工程实例为研究背景，阐述了跨越高速公路桥梁设计原则，对跨越高速公路桥梁总体结构设计要点进行深入研究。实践可知，在设计阶段采取有效控制措施，提高跨越桥梁结构以及交叉跨线方案设计的质量，能切实提高跨越高速公路桥梁整体质量，对后续工程建设有积极作用。

我国交通事业正处于高速发展阶段，交通工程中将会有很多桥梁跨越已有的高速公路，对于这种情况，在桥梁的设计阶段，除了要保证施工安全，还不能影响已有的高速公路。因此对桥梁设计方案进行研究极为重要。这类桥梁的设计方案，要保证已有高速公路的安全以及正常的使用，在此基础上，对桥梁的施工进行规划，尽量缩短对高速公路的封锁时间。

## 一、跨越高速公路桥梁的设计原则

（1）桥梁的结构应简单，提高施工效率，同时应缩短在已有高速公路上的施工时间，在确定供水、供电、排水等方案时，应进行多个方案的比较和筛选，选择最优的方案，且在施工过程中，对交通流量进行疏导，营造良好的施工环境，减少影响施工质量的外在因素。预防车辆堵塞现象，保证工程在规划时间内完工。

（2）保证结构受力的合理性，提高其耐久性与可靠性。

（3）使结构符合高速公路运营和规划的相关要求。

（4）与当地施工现场情况进行有机结合。项目实践前要进入现场，结合实际情况优化设计方案。

（5）在设计过程中，要严格按照科学性原则，同时在保证方案科学、有效的基础上，还要遵循经济性原则，保证桥梁设计方案的合理性。

## 二、跨越高速公路桥梁总体结构设计要求

适当预留车道。在跨越高速公路桥梁设计过程中，对于设计方案要求较高，一般情况

下空间拓宽按照双向 4 车道进行设计，在制定设计方案时，应充分考虑预留车道。如高速公路计划设置加速或减速车道以及紧急停车道，都要预留拓宽空间。桥梁的桥墩和路基之间的净距离应控制在 13m 以上。当前高速公路上的车流量正不断增加，因此许多高速公路都开始对路面进行拓宽，对于桥梁的建设来说，也需要预留空间，从而满足公路的拓宽需求。

合理选择跨越路段。位置选择是项目成败的关键，所以在选择跨越路段位置时，要保证该位置能实现相互路线的兼容，并且规避重要的交通枢纽以及高速服务区等区域，跨越路段不能选择在车辆加减速以及紧急停车的区域。在普通路段设置桥梁时，只需要预留拓宽空间。如果在重要的位置设置桥梁，那么会对整体的成本产生一定影响，对高速公路的扩建工作也会产生不利影响。

考虑行车视距。在对跨越高速公路的桥梁进行设计时，需严格控制桥梁上的每个部分，保证其质量能够满足实际要求，在设计时还需研究车辆的视距和视角，保证驾驶员视线清晰。不能选择在急转弯等较危险的路段设置停车带，若施工区域条件特殊，则应在设计时增加跨径，从而保证驾驶人员的正常视线，防止由于视线受阻而发生交通事故。

做好桥梁附属设施设计工作。安全问题是工程建设的重中之重，为了提高跨越高速公路桥梁安全水平，所以要在设计时合理设置防撞墙，一般使用钢筋混凝土作为材料并设置防抛网。在车辆驶出跨越桥梁时，发生交通事故的可能性更大，因此需提高防撞墙钢筋混凝土的强度。设置防抛网的目的是对车辆上的装载物进行有效阻拦，防止装载物掉落而影响车辆行驶安全。在这些基础工作结束之后，还需进行排水系统的规划和设计，桥梁排水系统的出口不能安放在桥梁跨越高速公路的正上方，否则会将积水排放到下方的高速公路中，从而对下方的高速公路产生影响。车辆的排放物会与水流进行混合，如果进入河流会对河流造成污染。由此可见，跨桥应独立设置排水系统，在施工的过程中，要根据相关的安全规定进行控制，防止出现对路面的损害问题。

## 三、案例分析

工程概况。某工程为枢纽互通式立体交叉工程，该桥梁工程总长度为 1.5km。在该工程中，枢纽互通立交的形式主要是半苜蓿叶 A 型，并且进行了环形匝道的设计，该项目采取了通过主线进行下穿的方式，其中匝道一共有 10 条，这 10 条匝道包括 A、B、C、D、E、F、G、H、M 以及 SY 匝道。在互通的内部，架设了桥梁，有 10 座桥，跨线类型的桥梁有 3 座。该工程在跨线施工区域中，由于工程工期紧、任务重，且桥梁所处地理位置险峻，针对这种特殊情况，为了能够促进项目的有效进行，需要制定合理的施工计划。

主要跨越桥梁结构形式：

互通 AK0+580.973A 匝道 1# 桥。在该项目中，桥梁主要是为了跨越河流和主线高速进行设计的。在上部构造中，选择的是混凝土现浇箱梁，整个桥梁一共有 4 联。在下部分中，主要构造为柱式墩配钻孔桩基础，对于桥台来说，使用重力式桥台，并对基础进行扩大。

互通 GK0+413.901G 匝道 1# 桥。该桥梁上部结构采用的是普通的钢筋混凝土结构。在下部结构中，基础墩柱主要设计的是钻孔灌注桩，本工程设计的是重力式桥台。

互通 SYK150+254.79 高速大桥。该项目地理位置涉及主线高速与跨越河流区域，在设计上部桥梁结构时，采用的是预应力的小箱梁，同时结合工程实际特点，在桥梁上部增加了普通混凝土现浇箱梁形式，整体的桥梁一共有 3 联。在下部结构中，基础属于柱式墩配钻孔桩，该工程桥梁的桥台是按照重力式桥台标准设计的，且在基础处理时采用了扩大基础的方案，从而保证桥梁的稳定性与安全性。

互通 SYK149+826 车行天桥。该桥梁跨越的是乡村公路，在 SYK149+826 的位置上，次位置以前是一座汽车天桥，桥型为 12.5m+21m+12.5m 的斜腿刚构桥，在对高速公路进行拓宽之后，对该汽车天桥进行拆除，并在此基础上建设了新桥梁，保证了乡村公路能够与高速公路有效衔接。

交叉跨线方案：

（1）在该项目中，主线以及 M 匝道进行下穿，通过高速公路。

（2）在高速公路的上跨位置上，枢纽 A 和 G 匝道的设置点设置在该区域中，对于桥墩的安放位置，根据设计方案的要求，决定将其设置在中央隔离带的位置，选择混凝土箱梁的结构形式和尺寸为 2×25m 的预应力混凝土 T 梁。

（3）在本工程的 A 标段中，由于该工程项目路段两侧的路基不满足设计方案的要求，故而在设计上考虑的行车安全等因素，决定对原有的构造物进行拆除，对已有的通车道进行扩张。

（4）对高速公路路基已经进行了拓宽的处理，因此，原有的车行天桥已经不能符合现在的要求，因此要将其拆除并重建。

（5）在高速的位置上，桥梁下方的净高度保证在 5.5m，最小的高度为 5.65m。

对已有的高速公路进行跨越式的桥梁设计时，要对已有的高速公路进行综合考量，要保证高速公路的行车安全，在施工的工程中，避免对已有高速工程产生不利影响。设计时，要进行全面考虑，保证桥梁设计科学合理。

# 第七节 提高公路桥梁设计安全性

随着社会的发展，不管是周末出行、假日出行、还是出差，出行等的人口越来越多，而出行安全也是每一个出行家人对出行者的热切希望与祝福，各个车站都标有"平平安安出去，平平安安回来"的字样，因此，出行安全是整个社会都关心着的大事。然而随着流动人口的增多，公路桥梁承担的压力也越来越大，交通安全事故也越来越频繁，因此，提高公路桥梁安全也迫在眉睫。

# 一、公路桥梁在安全性方面存在的问题

在设计过程中，应选择合适的材料作为整座桥梁的骨架和填充，之所以选择材料是设计上的问题，是因为合适的桥型设计，才能选择合适的材料作为填充，而且，还可以在整体上设计桥梁，整体考虑材料的相应价格，然后做出多方对比，选择出最合理、最牢固且价格最低的材料。除此之外，大家都知道，最牢固的桥梁必然存在大量的钢筋混凝土，但是怎么混？多少钢筋混合多少泥土？比例是多少？都应该在设计中表现出来，并做好规划。

最常见的公路桥梁安全性之一就是公路桥梁的牢固性问题引起的桥梁坍塌、断裂等。在遇到超大质量的货车，或者超载的客车等重量级车辆时，公路桥梁就容易产生裂缝，久而久之，裂缝越来越大就会使公路桥梁发生坍塌或者是断裂。若是有车辆恰好经过，就会整辆车或者几辆都一起"翻车"，这样的安全性问题往往会带来巨大的损失和伤亡，如果继续这样的桥梁设计建造，不仅费时费力，而且浪费国家资源，对国家的经济造成极大的损失和阻碍。因此，公路桥梁的牢固性也是公路桥梁设计的一大重点。

## （二）公路桥梁钢筋被锈蚀问题

由于公路桥梁大多都暴露在空气中，常年经受风吹雨打、日晒雨淋，经过空气的氧化，以及酸雨、尾气等化学物质的腐蚀，公路桥梁上的钢筋就非常容易被腐蚀，然后生成铁锈，对桥梁的作用力就会逐渐减小，使桥梁面的承载能力也逐渐减小，这样的桥梁对于车辆来说，就属于"危桥"了，根本不敢在上面行驶，对于不知道的司机来说，也许某一天就会丧命于此，对于桥下面的行人来说，也是如此，因此，公路桥梁的钢筋选择其实也包括了很大的设计技术，不能放松警惕。

## （三）公路桥梁的铺装层出现断裂问题

公里桥梁的铺装层并不是桥梁表面的那一层，是直接受力的地方，而是在桥梁内部，做着充实桥梁的内部和承载车辆的工作。因为大部分桥梁都注重表面的设计，不注重铺装层的技术性和设计性，都忽视铺装层的问题，为日后的铺装层出现断裂问题埋下伏笔，铺装层的断裂不仅使铺装层失去了承载作用，还使桥梁骨架的承载力减小，使桥梁存在着巨大的安全隐患，在当今超载问题越来越严重的时代，会加速桥梁的寿命终结，最终形成交通事故。

## （四）延性和冗余度比较差的问题

由于桥梁的设计问题，桥梁的延性和冗余度比较差，随随便便的地震或者爆炸，桥面就会发生断裂，或者冬天的时候，桥面看起来紧绷绷的，然后发生开裂，夏天的时候，公路桥梁就会发生挤压变形，使桥面变得凹凸不平，这样的桥面很容易发生车祸、撞栏这样的安全事故，带来巨大的损失。

## 二、怎样在设计方面提高公路桥梁的安全性

### （一）选择合适的材料，增强公路桥梁的牢固性

"一带一路"国家倡议的提出，必然需要大批复合型英语专业人才，这是复合型英语专业的人才培养的机遇和挑战。"一带一路"倡议视野下国际贸易法律复合人才法律英语教学是以培养国际化人才为目标的高端人才培养活动，因此，必须要以国际化的先进的教学理念为指引，针对"一带一路"建设现实需要，根据国际贸易实践对贸易、外语、法律人才的新需求，及时调整人才培养模式和教学大纲，以素质教育和能力本位教育理论为基础，构建了"一带一路"建设"外语+""贸易+""法律+"人才培养的多维互动模式，将国际化人才培养理念贯穿于法律英语教学的始终。

### （二）对钢筋做特殊设计保护，防止锈蚀

在设计中，应考虑到怎样防止钢筋生锈？我们都知道，生锈的三大条件就是钢筋、空气中的氧气、水，所以，只要缺失其中一个条件，就可以防止钢筋生锈。因此只要隔绝空气或者水，所以，在设计过程中，只要设计特殊的方式来保护钢筋就可以防止其生锈，那么，怎么特殊保护呢？其实，可以在钢筋使用时，在上面加上一些防锈的涂层，就可以起到一个很好的隔绝作用，使钢筋不和水或者空气接触，自然就不会生锈。而且，这样的涂层还可以避免钢筋与酸雨、尾气等这样的化学物质接触，防止被腐蚀。

### （三）提高铺装层的重视程度

在以前的公路桥梁的修建中，往往没有注重铺装层的修建，那是因为在铺装层上，传统的设计中没有过多的对铺装层提及设计，一座桥的设计，大部分都是表面设计，从来没有对剖面设计上心，因此，建筑师们也只是寥寥的对铺装层进行修建，因此，在设计过程中，应加大对铺装层的重视程度，可以对其中的材料设计，也可以对它的填充方式，铺装结构进行设计，这样增加铺装层的设计篇幅，建筑师们当然会加大对铺装层的重视。当然，提高铺装层的技术基础也可以严格的监工，让建筑师不放过任何一个小细节，使桥梁的铺装层中融入更多技术，从而防止铺装层断裂，减小因此而带来的安全隐患。

### （四）合理桥型设计，提高延性及冗余度

一般来说，合理的桥型设计可以提高桥梁的延性及冗余度，比如拱桥的设计，拱桥一直是我国传统的桥型设计，拱桥因为是圆拱形，当车辆在上面行驶的时候，就会有一个向心力的作用，使车辆紧紧地贴着桥面，不容易发生交通事故。除此之外，拱桥具有良好的延展性，当发生地震或者爆炸时，拱形桥就会把这样的爆炸力分散，从而避免坍塌或者断裂，表现了良好的韧性和塑性，尤其是多孔拱桥，可以延绵数里也不容易出现安全问题。因此，合理的桥型设计，可以提高桥梁的延性和冗余度，提高桥梁的安全系数，从而减少

桥梁坍塌断裂，减少交通安全事故的发生。

### （五）交通管控的加强，实现安全性

如今，国家经济快速发展，人民的物质基础越来越丰富，公路上的车辆数量不断增加，交通拥堵现象、交通事故等也不断增加，为了确保公路桥梁的行驶安全性，交通部门要加大力度，重视交通行驶的安全性。一方面要加强交通安全的宣传力度，让人们认识到公路桥梁行驶安全的重要性；另一方面要通过一定的措施对违规的车辆进行管控，在公路桥梁的入口处设立安全检查站，对于超载、车辆安检未通过的车辆，进行阻拦，让其在规定的路线行驶。此外，对于酒驾、疲劳驾驶的车辆更要严格阻拦，如果酒驾车辆在公路桥梁行驶时发生意外事故，将会引起连环交通事故，会造成严重的损失。

总而言之，公路桥梁的安全性离不开完完整整的设计过程，在施工之前，做一个完整的设计，不仅可以节省大量的资金，还可以使修建的公路桥梁看起来浑然天成。而且，最重要的一个原因，在施工之前，完完整整的设计公路桥梁，还可以根据前人的经验，考虑到桥梁会发生的所有安全性问题，从而防止或者大大地减少这样的安全问题发生，提高交通安全，减少交通事故的产生，增加流动人口的人数，带动国家经济的发展，提高综合国力。

# 第七章　公路桥梁施工技术

## 第一节　公路桥梁施工技术的不足与改进

公路桥梁在我国交通基础建设中属于十分关键的组成部分，在道路交通建设中还需要有现代化科学技术，施工技术等予以支持，强化施工建设的效率也让道路施工有多种安全质量保障，推进我国交通事业的现代化发展。由此公路桥梁施工技术有哪些使用不足？需要做哪些改进还需要做具体的研究。

在最近几年的发展过程中，我国公路桥梁建设技术正在不断地提升，规模也相对较大，出现了立交桥、高架桥等大规模的施工项目，给城市交通运行贡献较多，这些桥梁建设也标志着整个城市的进步和发展。我国的桥梁公路建设使用了新的技术和材料，并且也推动力整个建筑事业向前的发展。

社会在进步，公路桥梁的施工技术也在发生变化，不断地进步，在公路桥梁施工过程中有以下几种特点：首先公路桥梁建设结构出现变化，不断地扩大，这样就要求相应的专业性越来越高，所使用的工艺也越来越复杂化，专业施工设备要求增加，施工人员的技术水平要求相对较高。其次，项目建设涉及很多个部门，这些部门的增加让工作之间紧密相连，彼此相互合作才可以进一步地增强施工的效果。最后，施工内容增加，每一种施工的精确度也提升，这就需要相关管理者要严格把好质量关。另外，建设地区的地形、气候等因素对施工技术的使用也可能产生直接的影响。

## 一、公路桥梁施工技术不足部分

### （一）公路桥梁的施工技术难度增加

在当前的公路桥梁施工过程中，建筑施工难度不断提升，这主要是城市建设面积增加，各种类型的建筑林立，施工要保障人们的正常生活并且便利人们的后续交通路线，施工难度难以有效地控制。例如，一些地区本身地形相对复杂，伴有些施工技术无法运用，如山地河流居多，地势险峻陡峭，在公路施工中还有一些高墩桥梁给施工带来了较大的难度，短暂的工期内难以有效完成工作。部分城市在施工上缺少相应的政策、资金、技术支持，不能很好地完成要求较高的道路交通建设，这样势必对整个城市的发展也会产生负面影响。

## （二）施工技术水平相对较低

施工技术在很大程度上决定了施工的质量，我国公路桥梁施工技术的问题主要表现在结构设计问题还有钢筋的处理、桥墩的质量以及整个道路使用的寿命上。当前施工技术水平运用较低，施工质量偏差都是一些重点常见问题。如钢筋的处理，保护不到位，性能非.常低或者强度不足等等，造成钢筋后期产生侵蚀现象。桥墩施工难度大，施工技术不足产生偏移现象，这样非常有可能给道路使用带去安全隐患。另外由于施工材料的选择还有技术不匹配，使用不合理造成了公路使用时间较短的问题。

## （三）原材料使用存在问题

混凝土在公路施工建设中属于不可或缺的一种材料，更是公路桥梁建设的主体，在实际施工上混凝土使用存在最大的问题就原材料使用问题。例如，一些单位的混凝土使用配比方式依然沿用过去的粗放式管理方法，在配比结构上也不是十分合理有效，混凝土的比例对于公路整体稳定性产生直接影响。另外，水泥、砂石的选择与公路的基本使用也不相同，在此过程中非常容易造成施工质量的偏差。若是材料使用不过关非常容易导致出现稳定的问题还可能导致公路出现断裂的现象。原材料的使用方式一般是按照设计要求进行市场筛选，多数建设工地选择的是有名誉的厂商所生产的原材料并且在选择之后进行多方面的检验检测，减少由于原材料使用不佳产生的沉降问题和后续可能引发的问题。

## （四）施工现场管理混乱问题

公路桥梁施工属于非常大的工程项目，其中需要专业性较高的人才，例如，设计阶段的人员、工程施工人员还有管理人员等等，在工程现场管理中人员构成是比较复杂的，管理有一定的难度。在管理部门中，很多存在的问题都是彼此之间的沟通不畅通，出现了理解问题，意见的分歧，最终导致施工技能不能发挥极致。很多人员并未经过专业性的学习和培训，不能很好地对现场或者施工图纸进行把握，施工中可能产生偏差性的问题。施工管理者未从全局出发去考虑，施工人员管理经验不足，缺少人员工作计划和相应的分配，职责不清晰、追责难度大，由此导致出现现场管理存在疏漏，对整个建筑工程造成非常大的影响。

# 二、公路桥梁施工技术不足的改进措施

## （一）做好准备和技术交底工作

公路桥梁建设在施工准备阶段就需要做好严格的图纸设计和审核工作，图纸是进行一切施工的基础，那么在施工之前就需要对图纸进行全面的审核，汇集多个部门的人员共同研究，若是存在哪些缺陷就做好修改和调整的工作。审核图纸时，不仅仅要对相关项目的规格做出检查还需要了解数据信息的完整性和准确性，让检查的设计方案与实际相符合，检查方案是施工技术合理运用的前提基础。对此就需要给施工人员做好技术培训工作，规范每一种施工技术的具体操作和使用，避免由于人为因素造成施工难度问题。技术交底也是对每一个部门工作进行完善的一个流程，只有这样才可以更好地强化与改善公路施工情况。

## （二）使用现代化信息技术优化施工

现代化技术的使用十分必要，建筑信息模型（BIM）的运用可以规划设计控制管理、建筑设计控制管理、招投标控制管理、造价控制、质量控制、进度控制、合同管理、物资管理、施工模拟等全流程智能控制，提高工作效率，增加经济效益。在施工阶段，各个管理岗位、各个工序、工种的协同工作，可以提高管理工作效率。对此施工人员可以选择使用 REVIT 建模技术对公路施工和桥梁结构做好优化，进行技术分析等等。按照 BIM 技术大数据的统计结果完善优化施工方案，减少和降低可能发生的一些额外成本，这样一方面增强了经济效益，另外也能够减少传统技术带来的施工隐患问题。另外通过网络信息技术可以在技术管理上得到强化，信息网络技术能够记录施工前后的详细信息数据，这些都成为建设者和设计者的主要参考依据也成为施工技术管理的有效条件。仿真技术的运用可以更好地完善方案，优化施工和管理，准确的发现施工技术使用可能存在的问题并且对已有的施工技术方案做优化。

## （三）优化混凝土配比和使用

混凝土是构成公路桥梁施工最为重要的部分，其中配比影响较大，若是配比粗放可能直接造成公路桥梁不稳定现象的产生。混凝土配合比设计必须要考量公路桥梁的承重要求，在施工标准之内做好相应的设计，另外对耐久性进行分析，整个工程的资金使用也是配比要考量的要素。要按照工程实际性质制定一个浇筑标准，按照地形的变化等等做好调整和浮动，培养专门的混凝土配比人员，强化配比专业性。

## （四）强化施工现场管理

施工现场的管理是做好施工的前提，那么在后续的管理上可以进行全过程的管理，制定相对合理完善的管理制度，做好事前、事中还有事后的各项分析，争取能够对每一个部门都进行管理，各司其职，遇到问题可以直接问责，不会产生相互推诿事件。在管理中规范设备的操作、技术的培训以及材料的选购等等让公路桥梁的施工质量有所保证。

综上所述，本节对公路桥梁施工技术的不足及改进措施进行了分析和研究，公路桥梁技术的不足主要体现在施工难度、技术、混凝土配比和管理上，因此要有针对性地加以改变才可以更好地提升工程质量。

# 第二节 公路桥梁路面工程的施工技术

## 一、加强路面技术的必要性

减少不必要的投资。车辆行驶路面需具有良好的耐磨性。同时，我国现阶段的公路桥梁施工呈现出许多其他国家还未曾达到的优势，比如其使用的材料质量高、施工方便、施工周期相对较短、维护维修方便。公路大桥路面建设是目前国家相对重视的，提高公路桥梁施工的水平不仅可以保证社会的和谐发展，同时可以延长桥梁的使用寿命，工作中需聘请专业员工，使工作成效符合施工要求，从各方面提高公路桥梁路面施工的效率和队伍的经济效益，从而可以为国家节省大量的资金。

保障人们的安全和生活质量。近年来，人们的生活安全和社会稳定出现了很多问题。路面在我国公路建设监督是不够的，质量和技术不通过，导致交通事故的发生率不断增加，因此，保证公路大桥路面技术和质量是国家关注的重点。选择的施工队伍必须有社会责任感，把安全放在首位，为建设贡献力量，以确保公路桥梁及行驶车辆的安全。

## 二、填筑、开挖与压实技术

路基的填筑。填筑前需清理路面存在的树头、树根、杂草等，所选择填筑的土壤，尽可能选择塑料树脂 <20%，液限 <40%，砂 >50% 的，尽量达到最大的紧凑度。根据充填顺序，可将充填分为分层充填和垂直充填。分层有利于压实，对于防水破坏，渗透差的土质填在下层，表面形成双向交叉的斜坡。为了保证强度均匀，防止变形，同一层不同土的节点是倾斜的。以下施工错误：无水平分层，防坡积水，混有大石头、泥土、陡坡。垂直填充是沿着道路中心线一步一步向前填充的方法。施工时应注意竖向填筑密度，并采取必要的措施。选择振动锤捣固机，选择沉降量较小和均匀的砾石进行充填，以确保密集程度。

路堑的开挖。路堑开挖可分为垂直全宽开挖和水平槽开挖两种类型。也可分为单隧道、双隧道或水平隧道。纵向全宽开挖是在线路的一端或两端，纵向沿着道路向前开挖。对于较深的切割，可以使用两层隧道，上层在前面、下层在后面。但下部施工面，应留出上部开挖和排水通道。为了使路基土的强度和稳定性能符合建设要求，可采取人工压实以提高其密度。在相同的压实条件下，压实度随深度增加而减小，最大的压实深度为 5cm。分层填筑可有效控制土层厚度，在必要时增加压实是压实工作的基本点。

## 三、底基层及基层的施工

施工时想使其达到设计强度材料选择是关键，保证高质量的材料，确定每个组成材料的混合比例，确保施工质量。控制物料配比、混合均匀度及含水量。禁止道路混合，因为使用道路混合场地管理困难，混合比例和混合均匀度控制不好，质量得不到保证，会影响道路的使用寿命。

## 四、路面工程质量控制

在初始压力下，采用双驱动双振动的辊子，对振动为 1/2 的错列辊子进行两次挤压。最后，采用双驱动双振动压路机进行静压实。各阶段的轧制温度控制在初始压力为 120℃，双压为 110℃，终压为 105℃，施工缝也是影响平整度的因素。

## 五、路基路面的排水

路基处理。处理软地面的一个重要措施是做好前期控制，目前，国内现有的软基处理方法，如振动碎石桩方法，根据实际情况，可用于提高性能的基础上，提高承载力、减少沉降和不均匀沉降桥台和路基，避免错误的站。水是影响路基强度稳定性的一个因素，路基水损害是目前高速公路面临的主要问题。

地面排水。常见的地面排水设施包括侧沟、截水沟、瀑布、急流和地面排水管道。对于公路上的排水沟，一般都要做铺路保护。可以用灰浆砌体或水泥混凝土预制板进行加固。公路路基和一级公路通过水网段的情况比过去有所改善。对线路两侧的灌溉渠系统进行了重新布置，消除了线路两侧的排水暗渠，提高了路基的工程质量。

路面排水。道路排水是指迅速清除道路范围内的降水，减少道路上的渗水，使其不冲刷路堤边坡。道路拱跨坡应 ≥ 2%。有两种方法可以减少路上的雨水。首先是排水方式，重点是水泥混凝土预制砌块或现浇沥青混凝土砌块的设置，排水出口设置在 20-50 米距离和路堤边坡倒进下水道脚下处。高架部分的排水通过位于中心区域的圆形露天排水沟或雨水来消除。在降雨量少的西部地区，大部分的排水是通过中部隔离带的水槽来完成的。第二个是分散的排水系统，主要用于在地势平坦的地区。

地下排水。路基地下多采用地下排水沟、坑道等，主要由坑道排水组成，遇水流量较大时，可采用渗水沟配渗水管。传统的沙砾滤层主要由土工织物制成，具有过滤功能。

## 六、坡面防护

边坡防护是指防止地表水侵蚀和边坡岩石风化与环境的协调。近年来，随着环境保护的重视，高等级公路边坡，采用草坪护坡，采用石框（方形、菱形、拱形、M 型）草坪保护。由于西部干旱缺水，坡面护坡类型的选择十分重要。现在大部分采用草坪种植带，此方法不会污染环境，效果很好。

冲刷防护。沿河堤防坡面侵蚀防护仍是现阶段最常用的防护措施。现代科技对传统的砌体、石材、石笼、铁丝、挡土墙等进行了改进，如用高强代替土工格栅石笼、铁丝、聚酯、聚氨酯混凝土护坡袋等土工织物制成的护水域，使得不均匀沉降的土壤也可得到防护。

支挡防护。挡土墙支保护依旧是现阶段最常用的挡土墙防护方式，其主要的原理是用重力。挡土墙用于石材比较丰富、墙体高度高，地基良好的墙体。悬臂式挡土墙，其支架式挡土墙与板柱结构的钢筋混凝土挡土墙受力合理，墙体砌筑规模小。桩式挡土墙是一种特殊类型的挡土墙，其特点是易于调整，并由预制构件拼装而成。

通过对实际工程施工、桥梁和公路路基施工技术的系统总结与研究，提出了桥梁路基路面常见病害的成因并对其进行了分析，同时提出了施工质量控制措施，论述了路桥过渡段的施工方法及工程。

# 第三节　公路桥梁的施工及处理透析

公路桥梁是交通行业的重要组成部分之一，其发展也对交通行业的发展起着十分重要的影响。我国公路桥梁的建设工程项目越来越多，因此做好工程施工的安全和质量管控显得尤为重要。本节分析了公路桥梁工程质量的影响因素，并对公路桥梁工程施工中的质量安全管控方法和处理措施进行了相应的阐述。

公路桥梁工程作为交通行业建设的重要组成部分之一，其工程施工的质量和安全对人们的生命财产安全、社会的进步发展和施工单位的发展都起着十分关键的作用。论文介绍了桥梁施工中的常见问题以及陕西汉中地区桥梁施工中可能存在的某些问题，并提出了相应的处理措施，对于公路桥梁施工中可能存在的问题进行预防和处理，从而保证工程施工的质量和安全。

## 一、公路桥梁施工质量的影响因素

施工人员素质参差不齐。桥梁工程的施工周期较长、施工建设内容多且施工工艺比较复杂，施工人员的技术水平对于工程施工的质量有着较为重要的影响。如果施工人员的专业技术水平不够，无法读懂最基本的设计资料和施工图纸，就无法在施工中准确地进行施工作业，对于设计资料和施工图纸中可能存在的错误更是无法及时发现，这必然会导致工程施工质量得不到保障。而在公路桥梁的实际施工中，确实普遍存在着相关施工人员的综合素质和专业技术水平不高的情况，还有一些工作人员的责任心不高、消极怠工，严重阻碍着施工的进度，影响着施工工程的质量和安全。

施工材料质量不符合标准。施工材料是工程建设的重要组成部分之一，对于公路桥梁工程的施工质量同样有着极为重要的影响。但现实情况中，有一部分的施工企业和单位过度追求利益，有时为了获取高额的利润，而选用价格较低且质量不符合相关标准规定的施工材料，用质量较差的材料进行项目建设，甚至在施工过程中偷工减料，从而使得桥梁施工的质量无法得到保障。

地质条件考虑不充足。陕西汉中属于秦岭以南，气候湿润、降水较多。从整体情况来看，地面沉陷和不均匀沉降的现象较为常见，往往会导致公路桥梁桥头跳车问题的出现，对于公路路桥的安全带来极大的隐患。在进行公路桥梁施工时，相关的工程设计人员对于桥梁建设地区的地理环境和气候条件往往考虑不周，对于路基的处理方法选择不当，或者地基处理不当，从而对后续桥梁施工的质量产生较为严重的影响。

## 三、公路桥梁施工问题的处理方法

对施工材料和施工设备要把好质量关。公路桥梁工程中使用的设备和材料的使用对工程的质量影响较大，因此要严格把控好公路桥梁施工中施工设备和材料的质量关。对于进入施工现场的施工材料和施工设备要进行严格的管控，对于市面上的各种各样的产品，进行材料和设备的采购时，要进行严格筛查和控制，对于材料设备的采购人员，要做好监督的工作，将责任落实到个人，从而防止以次充好现象的发生。只有将施工材料和施工设备的采购工作控制好，才能使整个公路桥梁的施工质量得到保障，避免出现停工或者返工的问题，从而做到既保证了施工企业的经济效益，同时又保证了工程建设施工的质量和安全。

推行全面的质量控制制度。工程施工单位应该推行全面的管理制度，首先要建立质量管理的组织机构，一般将项目经理与项目总工作为工程施工的第一责任人，同时要不断加强全体工作人员的学习培训，不断地提高工作人员的工作责任心和质量意识，通过提高全体建设人员的责任心和质量意识，提高公路桥梁工程的质量和安全。同时，企业单位可以推行全体工作人员岗位责任制，明确全体工作人员的具体权利、义务和责任等，明确每位工作人员需要保证的工程质量。组织工作人员进行公路桥梁施工的相关方面的学习，加强全体工作人员的综合素质和专业技术水平，对于施工中的特殊工种，必须要持证上岗，同时在进入施工现场前应进行相应的培训和考核，从而保证施工人员的技术水平符合施工建设的要求，从而保证公路桥梁工程的施工安全和施工质量。此外，公路桥梁项目的整个施工过程，都应该在相关监理人员的监督检查、指导确认下进行，避免停工和返工现象的出现，使工程施工的安全和质量得到有效保证。

公路桥梁承担着行人车辆出行和货物运输等方面的责任，其工程建设的质量关系到人们生命财产安全和社会发展的方方面面，所以对于公路桥梁施工质量的管理和控制显得尤为重要，相关工作人员应做好各自的工作，同时不断加强学习，提高自身的专业技术水平，从而有效保证公路桥梁工程的施工质量和安全。

# 第四节 公路桥梁施工安全问题

在对高速公路桥梁工程施工安全管理重要性的分析基础上，系统化研究了施工安全事故的各方面影响因素，并依据实际项目管理状况提出了高速公路桥梁施工的安全管理策略。

## 一、高速公路桥梁施工安全管理的重要性

高速公路桥梁工程的安全管理工作在项目施工进程中发挥着重要作用，系统化的安全管理工作可促进施工工艺的优化目标的实现，并有利于提升施工技术水平，为施工管理企业的利益最大化打下坚实基础。同时，加强安全管理对桥梁工程施工环境的维护以及保障桥梁工程的安全有着积极作用，可提升施工现场安全管理意识，有效指导施工作业。对于高速公路桥梁施工安全管理的重视，将实现项目经济效益以及社会效益的最大化，并实现人力、物力及财力的良性循环。

## 二、高速公路桥梁施工的安全事故成因

施工单位的违章作业、违章指挥和安全管理不到位。据统计，施工过程中安全事故的发生大多数是由于管理因素而非技术因素导致的，伴随国内经济社会以及先进技术的发展，各类技术型难题可逐一攻破，而施工单位的违章作业、违章指挥和安全管理不到位等主观性因素是导致安全事故发生的主要因素，如施工单位安全技术措施不到位，缺乏系统化安全施工培训、安全生产责任制未落实，甚至出现诸如违章指挥、违章作业等情况，都是导致建设工程施工安全隐患、安全事故的主要原因。

设计不合理与缺陷。施工过程中的项目设计环节对于施工过程中安全事故的有效控制发挥着重要作用，当设计上出现漏洞时，也将导致施工中或应用中安全事故的发生，包括设计策划以及施工准备等阶段。设计阶段的缺陷包括：设计脱离工程法规准则、忽视施工安全操作及防护要求、施工重点环节的安全监管不到位、对采用新结构、新材料、新工艺的建设工程和特殊结构的建设工程，未在设计中提出保障施工作业人员安全和预防生产安全事故的措施建议、对于施工地点山区的地理环境勘察不到位，最终导致桥梁的主体结构设计失误。

使用不合格的安全材料、安全防护用具、机械设备。在工程施工过程中，由于安全材料、防护用具及设备的不合格也将造成严重的安全隐患，安全材料如勘察文件有误等，若对当地地势地貌未进行全面、深入的勘测分析。勘察文件将不具备权威性，在这种勘察文件指导下的施工作业如钻孔作业，其布置孔数量及深度等将不符合规定要求，最终会导致基础、主体结构的设计错误，引发重大安全事故。其次，安全防护用具、机械材料设备等

不合格也将造成较大的安全隐患。

## 三、高速公路桥梁施工的安全管理策略

项目概况。玉林至湛江高速公路（广西段）工程：主线路线整体走向由北向南布线，路线起点（K3+300）位于陆川县马坡镇下里八坡附近，路线终点（K78+047.026）止于文地镇大塘村东侧的粤桂两省交界处，与玉湛高速公路（广东段）起点相接，路线全长74.750km。

工程地质气象情况：陆川县境内属桂东南丘陵区，地势呈拱背形，南部和北部较低。本项目自北向南地形相对平缓，大部分路段为微丘地形，地形条件对路线走向的影响较小。项目地处平乐四方嶂大断层，覆盖云开隆起区以及玉林凹陷区，其中，频发的滑坡等地质灾害为影响工程施工的主要方面；且施工路段属南亚热带季风气候，夏季多暴雨、易洪涝。

项目主要工作内容：主线包括路基挖方（土方 13801 057m³、石方 4622705m³）、路基填方（土方 12 247754m³、石方 3283 017m³）、排水防护砌体工程（473117.9m³）、互通式立交（7座）、服务区（3处）、管理及养护中心（2处）、收费站（1处主线及6处匝道收费站）、桥梁（大桥、中桥、涵洞、通道）等。项目连接线全长 8km，包括 2 条一级公路 3 条二级公路及其他桥梁工程等。

安全管理的要点与措施：

危险源辨识与评估。项目部组织各部门共同对工程项目的全过程进行危险源的辨识、分析与评价，共评价出高处作业、起重作业（塔吊、龙门吊等）、临时用电、桩基作业（人工挖孔桩）、高边坡深挖路堑作业、车辆运输作业、模板支撑体系（脚手架作业）、架桥机等大型机械作业、危险化学品、钢栈桥施工和生产、办公及生活区动火作业等危险源，并制订了相应的管理方案和应急预案。同时，邀请第三方对桥梁和高边坡进行总体安全风险和专项风险评估，根据评估报告制定相应的安全管理预控措施和方案。本工程有多处高架大桥部分墩高超过40m，其中最高墩柱高53.4m，且桩基位置岩溶较为发育，施工难度大，高空作业和坍塌等危险性大。

安全专项管理方案的制定与实施。依据施工过程安全管理控制重难点分析制定并落实安全专项管理方案。根据评估出的重大危险源制定相应的危险源控制措施及实施计划，并根据工程的特点和危险性较大的分部分项工程管理办法要求编制安全专项施工方案。专项方案必须经过严格的层层审核后实施。并对现场管理人员和作业人员进行安全技术交底，并由技术负责人进行现场指导。同时，应坚持不断优化策略，根据实际情况定期评审和更新危险源识别、评价和控制策划的结果，实行动态管理。

施工人员的安全管理。安全教育是安全管理工作的重点，考虑到山区公路及桥梁施工中独特的地理环境条件影响，施工过程中施工人员的工作强度远远大于平原地区施工，需加强施工人员安全施工意识培训，包括三级安全教育、安全技术交底和安全操作规程等培

训，培训内容涵盖了安全生产方针、政策、法规、标准及安全技术知识、设备性能、操作规程、安全制度、严禁事项等，在培训结束后需开展培训考核工作，考核通过方可上岗作业，且特种作业人员须持证上岗。进场后的安全管理中，需落实好安全检查工作，依据环境气候条件、作业内容等对于个人防护用品进行全面检查，并做好项目工作的技术交底，采取多层次、多渠道和多方法落实施工人员的安全管理。

施工设备的安全管理。高速公路及桥梁施工中，施工设备的正确使用和保养是保证机械设备的安全性能的重要途径。施工前对施工设备开展必要的检修工作，保证其安全使用性能合格后方可进场作业，施工过程中做好监督检查和管控。同时，在日常施工过程中，也需加强对施工机械设备的保养，安排专人对于施工设备的使用情况等做系统化管理，并负责设备使用人员的操作培训，保证设备的使用安全，避免不必要的损失甚至安全事故，定期对施工设备进行维护及检修，并完善相关的机械设备安全管控措施和应急预案。此外，考虑到施工技术的不断发展，传统施工机械设备往往难以满足现代化建设的需要。所以，需积极引进现代化数控设备，达到机械化减人目的，以避免因设备故障引发安全事故，不断提升施工过程的安全性和整体效益。

施工环境的安全管理。全线有多处高填路堤与深挖路堑施工段，高填路堤最大填高38.2m，填筑施工质量是控制重点；深挖路堑最大挖深63.7m，边坡滑塌风险大，及时进行预应力锚杆、锚索框架防护加固，是本工程管理控制的重点。高填深挖路段由于雨季影响较大，可能造成泥石流、滑坡和坍塌掩埋事故，如何最大程度降低气候的影响是关键？另外，由于工期紧，夜间施工较多，需建立合理的照明系统，并及时发布预警信息，以有效避开恶劣自然天气引起施工现场安全生产事故的发生。

高速公路及桥梁工程中施工安全管理的强化有利于提升项目进展效率，保证项目完成质量并提供安全保障。实际施工过程中，需结合具体施工工艺和工程特点，从施工人员、施工设备以及施工环境方面不断加强施工安全管理，实现项目经济效益和社会效益的最大化。

# 第五节　公路桥梁施工技术质量的加强

随着我国市场经济与城市化进程的不断推进、发展，我国公路建设也随着快速发展。公路桥梁作为道路交通建设的重要组成部分，其技术质量问题直接影响着公路的交通运输作用。本节简要分析了公路桥梁施工控制的必要性，主要分析了当前我国公路桥梁施工技术质量存在的问题，并提出了加强公路桥梁施工技术质量的有效措施。

随着经济的快速发展，我国的交通运输业也随之快速发展，并取得了良好的成果。公路桥梁作为道路建设的基础设施，是交通建设的重要组成部分。因此，公路桥梁的施工技术质量是各个部门都应高度重视的。做好每一个建设环节，确保整个建设施工项目的工程质量，进而确保交通建设，保障交通运输的安全与畅通，从而推进我国社会、经济的快速发展。

## 一、公路桥梁施工质量控制的必要性

公路桥梁的建设施工涉及了对项目管理、技术、经济等各方面因素，其建设施工的要求相对较高，具有较高的风险性。同时，公路桥梁建设耗时长，施工环境复杂、多变，影响因素众多，且由于施工系统本身的复杂性，从而对手工技术的质量要求较高。因此，对公路桥梁施工技术质量进行严格控制，有效地保障公路建设工程的施工质量，从而有效地减少交通安全风险，降低经济损失。

## 二、我国公路桥梁施工技术质量的问题分析

### （一）施工技术的不足

近年来，随着公路建设事业的不断发展，公路桥梁的结构要求越来越高，施工工艺的复杂程度节节上升，需要采用相应的施工设备来辅助完成。有的建设单位过于注重经济效益，在设备的引进方面不够重视，导致公路桥梁的施工阶段其施工工艺与采用设备不相符，从而直接影响了整个工程的进度与质量。

同时，我国公路桥梁的施工技术相较于国外是比较落后的。有的施工单位缺乏创新意识，在施工技术方面缺乏主动学习，施工技术得不到及时的更新，从而影响了整个施工工程。

### （二）施工质量参差不齐

公路桥梁建设工程的规模大、耗时长，在建设过程中，建设的项目、工序繁多、复杂，其工程的质量直接受其施工方案、工艺、技术、材料、设备以及施工人员素质等方面因素的影响。

我国的公路桥梁施工过程中，由于技术层面的缺失，在项目的方案设计方面不成熟；采用的施工工艺与技术的落后性；施工单位出于对经济利益的把控，在施工材料与设备的构买方面投资不足，或是采购一些质量不达标或与施工标准不相符的材料与设备；同时，由于农民工组成的施工队伍，在其素质与技能方面的偏差，在施工过程中工作态度不严谨。这些方面的因素问题，都直接影响了公路桥梁的建设施工质量，导致我国公路桥梁的施工质量不达标，从而直接影响整个道路交通建设。

### （三）施工检测机制的缺失

在我国的公路桥梁建设施工过程中，许多建设单位在施工检测机制这一方面都有着严重的缺失。监督机制不完善、检测方法不全面、形式主义现象严重。并且在对工程建设中各个项目之间的衔接方面其工程操作检测不全面、合格，工程质量得不到有效的保障，从

而直接影响了整个工程的施工质量。

# 三、加强公路桥梁施工技术质量的有效措施

## （一）建立健全工程管理体系

一套完善的工程管理体系，是工程保质、保量建设完成的重要基础保障。因此，作为工程管理者，在施工过程中要明确各个部门的职责，合理的调节施工技术部门与工程责任部门的关系，进而严格的控制施工过程、明确责任分工，做好控制公路桥梁施工质量的管理工作。

同时，加强对施工成本的控制，明确各个施工环节的工程预算，做好各个环节实用资金的建账管理，从而有效地提高工程安全管理，全方位的提高、控制公路桥梁的工程，确保工程质量，促进公路桥梁的建设发展。

## （二）完善工程监督机制

在公路桥梁的施工过程中，施工单位要完善相应的监督机制，强化工程监督，进而确保工程质量。建立全程监督机制，对施工过程中的每一环节进行严格监控，确保上一环节与下一环节的有效衔接，进而确保整个施工质量。

施工材料与设备的质量问题，是整个工程的基础保障。因此，在加强监督管理的同时，也要加强对材料与设备的监督管理。加强对材料的采购、存放管理、使用等方面的监督管理，确保采购质量合格的材料，对材料进行分类管理，实行使用登记制度，从而避免造成不必要的浪费。加强对设备的维护、保养工作，实行定期修检，对设备进行及时的修理、维护、保养、更换等，从而确保设备性能安全，避免因设备问题造成的工程质量问题。

## （三）加强施工人员的培训工作

施工人员的素质直接影响着整个工程的质量问题。因此，施工单位要加强对施工人员的培训工作。开展思想政治讲座，提升施工人员的思想、政治觉悟，进而树立端正的工作态度。加强技能培训，引进先进的施工工艺与施工技术，聘请专业技术人员讲授，提升施工人员的整体技能。提升施工人员的综合素质与综合能力，进而提升施工效率，保障施工质量。

综上所述，公路桥梁建设是公路建设的基础，是交通建设的重要组成部分。加强对公路桥梁施工技术质量控制，采用多种方式来进行及时有效地控制。加强管理体系的建设，完善施工监督机制、、加强工程监督、加强施工人员培训，从全方面、多角度来解决公路桥梁建设过程中的问题，从而确保工程的施工质量，进而有效地推动我国公路事业的发展，促进我国经济发展。

# 第六节　软路基的公路桥梁施工

公路桥梁是我国交通行业中的重要组成部分，而公路则是促进我国经济发展的关键因素之一。公路桥梁的施工质量能够直接影响公路的整体运行状况，同时也会对人们的生命财产安全产生影响。随着我国的公路运输能力逐渐上升，各类重型汽车的数量也在不断增加，要求公路桥梁的路基必须具备较强的承载能力。路基是公路桥梁存在的基础，软路基会直接影响公路桥梁基础的承载力和稳定性，并且对其施工和运行安全产生影响。因此，必须应用最为合适的施工措施来处理公路桥梁施工过程中所存在的软路基，切实提高其稳定性，为公路桥梁的施工质量提供保障。

## 一、软路基对于公路桥梁施工的影响

软路基的土层存在大量的水分，本身的稳定性较差，且存在孔隙大、强度低等特点。软性土壤普遍存在于地表底层，软土在塑性指数、天然水含量以及空隙等方面都存在差异，对于软土地基进行细分，可以分为淤泥、湿陷性黄土、软黏性土以及淤泥质地质等。因此，在公路桥梁的施工过程中，需要先准确判断软土地基的具体特点，并进行实地勘测，科学、准确地评估软路基所可能带来的危害，并明确孔隙比的值。对于不同的软路基所采取的处理技术不同，结合具体情况，选择合适的施工技术，才能够有效的保证施工工程的质量和标准，以确保公路桥梁的路基能够符合相关承载力和稳定性要求。如果未能妥善处理软路基，则会出现地基不稳定，甚至桥台下沉的情况，导致路基沉降甚至塌陷，危害人们的通行安全。在公路桥梁施工过程中，不可以将软路基看作是天然路基直接使用，必须对其采取加固的处理措施，在改善软路基的性能之后，再对其进行施工处理。

## 二、软路基沉降的主要原因

施工图存在问题。软路基由于自身承载能力不足，所以在后期使用中会出现地基下降的情况，车辆在经过时会出现跳车情况。其原因是软路基的硬度不足，且施工过程中工作人员缺乏规范操作，没有及时处理路基，但最根本的原因是施工图纸本身存在设计问题，没有认真排查地形土质，使得地形和图纸之间存在一定的出入。除此之外，雨雪天气也会对公路桥梁产生影响，雨雪在浸润到软土之后，会使得软土的硬度下降，进而影响工程的施工质量。

软路基的处理不够彻底。公路桥梁在施工完毕并投入使用之后，其路基会随着时间的推移和自然环境的影响而逐渐被破坏。除此之外，公路桥梁的施工过程中，如果没有及时处理所发现的路基问题，或尽管采取措施，却并没有对其深入处理，都会导致路基的破损加快,最终,软路基无法承受公路桥梁的重量,甚至会导致车辆在行驶过程中发生严重事故。

软路基施工存在问题。在对软路基进行填充施工的过程中,很可能会因为摩擦而对周边的建筑设施产生破坏,所以应当尽可能选择颗粒比较大的石料。在对其进行填充的时候,无需对地基进行过多的处理,但需要加强监督填充材料的用量与品质。此外,还可以采取提高路基高度的方式,尽可能降低软路基对于公路桥梁稳定性的影响,切实保证公路桥梁的使用寿命。

# 三、提升公路桥梁软路基使用寿命的具体措施

对软路基进行置换。对软路基的置换施工,是把软路基的组成部分替换成其他材料,将软路基中的土挖掘出来,然后在其中添加复合材料强化路基的强度,通过软路基置换技术,可以有效提升路基的承载能力,切实保证公路桥梁的施工质量。软路基置换方法一般被应用于软弱土质面积不大且厚度较小的区域。在具体施工时,要先对路基进行触探,按照触探的结果挖除其中的软弱土质,然后按照具体情况,选用最为合适的填充材料。在材料选择时,要确保其强度和稳定性,例如,选择硬土、片石以及碎石等强度较大的材料,在完成填充之后,需要对路基进行重新检测,必须确保其符合相关要求,才可继续开展施工工作。而且由于路基的土质中被加入部分复合材料,所以可以显著提升路基的排水性,有效控制路面下沉的问题。在对复合材料进行选择的时候,必须要结合软路基的实际情况进行,确保所要添加的材料最为合适,切实保证路基的施工质量与高度。

应用密实加固法和动力加固法。密实加固法在应对软路基方面较为常见,其中较为典型的是排水加固技术,排水加固技术一般被应用于含水量不高的软路基,通过应用排水加固技术,能够快速排出软路基中的水分,使得软路基的空隙率大大下降,有效提升软路基的强度与稳定性,使得软路基能够满足公路桥梁的施工建设需求。在进行排水固结技术施工的过程中,需要合理应用相关设备设施,并由专业人士进行操作处理,才能够快速地从软土中排出水分,实现加固软路基的目的,为后续公路桥梁施工工作的开展提供保障,切实保障施工质量。而动力加固法则主要是应用于饱和性强且黏度较高的土质,借助重力把重达 25 t 的大锤从距离原土表面 15 m 的高度自由落下,达到加密路基的目的。通过这一方式可以让软路基的密度得到显著提升,提高其承载力。除此之外,应用动力加固法可以把密度较高的材料通过重锤打入软土中,通过此方式达到强化软路基的目的,并在此基础上形成承载力较强的复合型路基,使得软路基的现状得到有效改变。

应用堆载预压技术。必须采取多项合理的准备工作,才能够切实保证公路桥梁施工质量。为了有效稳固和硬化软路基,需要先对施工区域的地面进行预压处理。而堆载预压法则是诸多预压施工技术中最为常用且较为有效的施工方法。堆载预压技术是借助不小于设计荷载的载物预压作业区域,通过强压让软路基出现固结,并且提升软路基的强度,使得软路基在之后的施工与使用过程中,都能够有效应对设计荷载。对于不同区域路基的不同

性质，所需要采取的堆载预压时间也不尽相同，但最终都需要以符合公路桥梁施工的路基强度相关要求为唯一标准。堆载预压技术一般使用路堤填土作为施工原料，原料较为常见，施工成本较低，同时其涉及的施工技术和工序也相对简单，所以其适用范围较广。但需要注意的是，应用堆载预压技术施工时，需要按照不同区域的路基状况选择最为合适的施工材料与施工技术，在提高软路基的抗压性能和稳定性的同时，尽可能避免出现影响周边生态环境的情况。

应用孔内深层加固法。软路基自身存在复杂的结构，部分软路基的内部构造不够稳定，存在裂缝情况，对于公路桥梁的施工建设存在严重影响，为了妥善解决这一问题，可以尝试应用孔内生产加固的方式，借助该措施有效改善软路基内部结构复杂的问题。在完成对软路基的检测工作之后，应用动力结合原浆固定技术填充软路基内部所存在的的裂缝，先借助压力泵向裂缝口输送原浆，然后应用动力因素挤压路基，使得路基的承载力和稳定性得到显著提升，最终实现对软路基的土质性能的有效改善。应用该方法还能充分体现环保特色，可以把公路桥梁施工过程中所产生的部分废弃材料都填充到裂缝中，再将原浆注入其中，既有效填充裂缝，又可以大大减少裂缝填充所需要的施工材料，并避免了施工过程中的废弃材料对周边环境所产生的污染。

因为软路基自身存在易压缩、含水量较高以及抗压性差等问题，如果无法对其采取有效措施，就会严重影响公路桥梁的整体运营效果，甚至会在运营过程中造成车辆损坏和人员伤亡事故，对人们的生活产生严重影响。施工单位在施工过程中，需要合理结合软路基的实际情况，通过对软路基进行置换、应用密实加密和动力加固法、应用堆载预压技术以及孔内深层加固法的相关施工措施，切实提高软路基的承载力和稳定性，有效保证公路桥梁的施工质量，尽可能降低公路桥梁在运营过程中出现问题的概率，为我国的社会发展和经济腾飞打下坚实的基础。

# 第七节 公路桥梁施工中悬臂挂篮技术

为了提升桥梁工程施工质量，以悬臂挂篮施工技术为研究对象，分别从挂篮制作、安装、混凝土浇筑施工以及预压试验等多方面，论述悬臂挂篮就技术在桥梁工程中的应用要点，实践可知，通过悬臂挂篮施工技术的应用后，能够大幅度的提升工程的质量与效率，该技术值得推广应用。

悬臂挂篮施工技术操作非常的简单，并且灵活性比较强，所以被大量的应用到大跨度桥梁工程中，在实践中，该技术可以提升工程的质量，满足桥梁使用性能的需要。科学合理的应用悬臂挂篮施工技术，给桥梁工程的顺利实施提供必要的操作平台，工作人员可以在挂篮上完成模板的安装、浇筑以及预应力张拉施工。在施工结束之后可以将其移动到另外一个区域进行继续施工，施工效率和工程的质量都比较高。

## 一、工程概况

某公路工程施工项目的总长度为 42.67 km，总计含有两座大型桥梁、一座小型桥梁、一座长隧道等，其中的桥梁工程采用的是简支梁与连续钢构的结构形式。为了可以满足桥梁工程的稳定性和刚度的要求，经过技术人员的全面分析，确定使用悬臂挂篮施工技术来进行施工。

## 二、悬臂挂篮技术在桥梁施工中的应用

挂篮制作及安装过程。挂篮制作与安装是否达到技术标准的要求，对于后续工程的顺利实施存在直接的关系。为了可以保证项目得以顺利进行，施工单位应该严格控制挂篮的质量，保证制作和安装都能够达到使用的需要，这就需要从如下的几个方面来开展工作。

开始正式制作前，操作人员需要深入的了解设计方案以及相应的技术要求，将上述技术文件作为主要的施工依据，然后才能开始制作。制作结束之后，需要由质检人员进行必要的检查，及时排除所存在的问题，从而可以保证各方面的性能指标都能够达到要求，以满足桥梁工程的安全性、质量要求。

为了能够确保挂篮拼装施工得以顺利实施，施工人员应该根据工程的具体需要来合理地铺设枕木。挂篮安装施工人员需要严格的控制安装位置精度，保证其偏差不会超出规定的范围，同时需要结合实际情况进行必要的腹板高度差调整，使其可以满足挂篮平衡性的要求。挂篮安装前支腿轨道的过程中要结合工程的需要进行锚固施工，安装结束之后应该详细的检查其位置精度、拼接牢固度等方面，保证安装工程的质量达标，为后续施工提供支持。

为了能够更好地降低挂篮安装施工的事故概率，应该根据需要在安装周围的位置上设置防护栏结构，并且由技术人员进行现场的指导，保证安装工程的质量达标。

混凝土浇筑。挂篮施工结束之后，应该立即组织人员开展混凝土浇筑施工，主要包含如下几个方面工作：

严格控制混凝土材料的质量，其关系着工程的质量和性能，在施工中应该充分地进行拌和处理，并且严格按照工程的施工技术要求进行材料的混合质量。本次工程项目中主要应用粗细集料、水泥以及碎石作为主体材料，水灰比为 2 : 1，混合料的质量达到标准要求，从而可以控制工程的质量。

混合料的质量检查达到标准要求之后才能开始后续施工，浇筑环节应该严格控制浇筑厚度与次数，工程中厚度偏差需要控制在 3 mm 以下。要保证浇筑环节的施工不能中断，保持施工的连续性能，如果因为外力因素不得不出现中断的问题，应该将间隔时间控制在 0.5 h 以下，而再次进行浇筑的过程中，应该进行表面的处理，浇筑完成之后要进行全面的质量检查，如果存在连接稳固性较差或者质量出现问题，要立即采取措施调整，以提升浇

筑工程的质量。

浇筑施工结束之后，要根据工程的实际情况来确定最为合理的养护施工方案，从而可以保证混凝土刚度达到要求，确保桥梁使用的安全性满足需要。

预压试验。为了能够保证挂篮的应用效果达到要求，在开始施工前，要进行必要的预压试验，各个结构部件都要进行必要的检查，如果发现存在问题需要立即采取措施解决，避免其出现非弹性变形的问题，保证项目实施的安全性达标。此外，施工人员必须要进行荷载试验，要保证其承载性能可以达到使用的需要。试验环节需要准确的记录各项技术参数，比如变形量、荷载参数值等方面。通常情况下，所实施的试验荷载应该达到最大桥梁荷载的 1.5 倍，这样才能更好地保证后续施工的安全性和应用效果达到要求。

连续梁合龙。在应用挂篮施工技术的过程中，因为梁体温度所产生的影响而导致桥梁结构出现变化，如果不能及时采取措施进行处理，就会导致工程的质量无法满足要求。为了能够彻底解决这一问题，施工人员应该保证连续梁合拢工作达到要求。锁定合龙口的过程中，操作人员需要进行梁端预埋件与刚性支撑焊接施工，保证二者连接的稳固性达标，可以根据需要在梁端增加配重，要与混凝土结构重量相近，然后就能够进行混凝土的浇筑施工，保证其结构稳定性合格。

## 三、提高悬臂挂篮技术的质量控制措施

合理选择材料。为了能够确保悬臂挂篮施工技术的应用效果达标，施工单位需要严格控制各个部分的原材料质量与性能，任何不合格的材料都不能进入到施工现场，可以更好地提升工程的质量。此外，在施工前需要进行必要的施工技术角度，所有的施工人员都能够掌握工程的技术要点，要按照施工要求开展施工，不能出现人工失误的问题。

对结构挠度进行严格把控。悬臂挂篮线形控制是桥梁工程中非常重要的一部分施工工作，为了能够保证其线形达到要求，施工人员应该加强结构挠度控制。在具体施工环节，应该对于桥梁结构进行深入的分析，以工程的实际情况为出发点，进行必要的线形调整，以保证其工程的质量可以满足实际需要，最终可以延长使用寿命。

对压浆和预应力张拉过程进行合理管控。压浆施工的过程中给桥梁质量也会造成影响，为了能够保证压浆质量达标，施工人员在施工的过程中需要做好水泥浆配置工作，加强各个原材料的质量控制，从而可以提升压浆施工质量。悬臂挂篮施工中所必不可少的一部分工作就是预应力系统，所以在施工中需要严格控制该系统，达到要求之后需要立即开展压浆施工，以防止预应力筋出现锈蚀的问题，提升结构的稳定性。

加大施工过程的管控力度。悬臂挂篮施工的过程中，很多外部因素的作用之下会导致工程出现很多的问题，进而导致工程质量无法达标。为了能够从根本上避免发生这些问题，施工单位应该组织专业管理人员进行控制，具体就是材料的应用状况、施工人员技术以及流程都需要达到要求。有效的管理能够及时发现所存在的问题，并且立即组织人员进行必

要的解决，从而可以给桥梁工程的质量提升奠定基础。

桥梁工程技术的逐步发展和成熟，挂篮悬臂浇筑施工因为其便捷性高、结构轻、效率高等优势，对于桥梁事业的发展起到了积极的促进作用。在应用该技术的过程中，需要严格按照施工工艺来进行，全面提升工程的质量和安全性，保证桥梁质量可以达到要求。

## 第八节　公路桥梁施工混凝土裂缝防治探讨

混凝土结构作为公路桥梁现场施工常见的结构形式，其应用质量在一定程度上会对公路桥梁整体建设质量产生直接影响。然而，结合现场施工情况来看，因混凝土结构裂缝造成的施工问题频繁出现，导致现场施工质量、施工进度等均受到不同程度的影响。针对于此，建议从事于公路桥梁现场施工的相关人员应该肩负起自身的工作重责，从多个方面统筹规划、科学部署，重点针对公路桥梁施工混凝土裂缝防治问题进行研究，以期可以给相关人员提供一定的借鉴价值。

### 一、混凝土结构问题的相关概述

所谓的混凝土结构主要是指以特定原料，如胶凝材料、粗细骨料等为主，按照一定的配合比要求，均匀搅拌直至特定原料密实成型为止，最终所形成的人工石材被称之为混凝土结构，基本上可以视为非均质脆性材料的领域范畴。根据实际应用情况来看，混凝土结构多被应用于建筑现场施工、公路桥梁现场施工以及土建现场施工当中。究其原因，主要是因为混凝土结构自身具备的特质属性，促使现场施工体系不断的趋向安全化、质量化方向发展。

举例而言，混凝土材料运输过程比较便捷，且存放过程不需多加其他处理就可以保持良好的耐久特性。与此同时，混凝土结构在稳定性方面远比其他结构材料更加明显，不容易受外界的变化而出现质量问题。最重要的是，混凝土结构在造型塑造方面具备较强优势，可以按照现场施工的实际需求制成相关形状。另外，混凝土结构与钢筋材料的混合应用，可以为主体结构提供良好的承载力，利于提升主体结构的性能优势。

### 二、公路桥梁施工混凝土施工的重要性分析

科学、合理地部署现场施工方案俨然已经成为确保现场施工质量安全、合理的基本保障。正式落实过程中，现场管理人员需要重点针对施工过程常见的技术要点与管理要点进行研究与分析，最好可以从多个方面统筹规划、合理部署，规避以往施工质量不佳的问题。其中，混凝土结构施工作为公路桥梁施工的要点内容，颇受现场施工人员的关注与重视。

究其原因，主要是因为混凝土结构质量在很大程度上会对建筑主体结构质量、性能产

生作用影响，如主体结构的承载能力等。针对于此，建议现场施工人员最好优先针对混凝土结构施工问题进行重点管理。最好结合当前混凝土结构常见的裂缝等质量问题进行研究，尽量为公路桥梁现场施工质量提供可靠保障。

## 三、公路桥梁施工混凝土裂缝问题的危害影响分析

混凝土结构裂缝问题是任何工程施工过程都无法规避的问题现象。究其原因，主要是因为混凝土结构应用过程会受到多方面因素的作用影响，如自身影响与外界因素影响，促使硬化成型的混凝土结构内部会存在气穴现象或者微孔隙问题。纵观以往的施工经验来看，轻微的结构裂缝问题一般不会对混凝土使用性能造成不良影响。但是，如果温差影响或者应力作用超过预期范围时，微裂缝问题势必会出现扩张现象或者是连通现象，导致混凝土裂缝问题不断扩大。

倘若现场施工人员不加以及时控制，那么混凝土结构应用过程带来的质量隐患问题会逐渐增多，势必会对工程主体安全造成不良影响。为防止上述问题的发生，国家建筑部针对公路桥梁工程混凝土现场施工工作做出明确指示，要求现场施工必须满足国家建筑部要求。施工过程应该选取科学、合理的技术措施以及养护管理措施，阻止混凝土结构裂缝问题的不断扩张，确保现场施工质量不受影响。不难看出，如何正确处理好混凝土结构裂缝问题俨然成为当下公路桥梁现场施工亟待解决的问题。

## 四、公路桥梁施工混凝土裂缝防治措施研究

关于公路桥梁施工混凝土裂缝问题的防治措施，笔者认为应该从施工全过程方面入手，加强对各个施工环节的规划设计力度，以期可以从根本处规避混凝土裂缝现象。以下是笔者结合实际经验，对公路桥梁施工混凝土裂缝防治措施及相关问题加以总结与归纳，仅供参考。

做好混凝土结构前期设计工作，为后续应用提供安全保障。为确保公路桥梁现场施工中混凝土结构得以良好运用，建议技术人员最好事先立足于公路桥梁工程现场实际条件，科学构建混凝土施工技术方案。也就是说，前期准备工作应该优先将混凝土施工方案放在首要管理位置。最好可以从结构优化设计方面进行统筹规划、合理部署，根据公路桥梁工程实际需求，确定施工过程涉及的浇筑量问题、配合比设计问题等。必要时，可以按照现场施工要求适当调整混凝土结构设计问题，尽可能地为后续施工提供良好保障。

明确混凝土温度应力控制要求，减轻混凝土结构裂缝现象。为降低混凝土结构内部水化热的影响程度，技术人员必须强化对混凝土温度以及应力的控制力度。针对于此，现场技术人员可以从混凝土结构内部与外部因素入手，加强对混凝土结构的温度控制力度，以期降低应力带来的不良影响。在温度控制方面，技术人员最好通过改善原材料质量情况进行实现，如通过改善骨料级配减少混凝土水化热过程带来的不良影响。必要时，可以优先

采取干硬性混凝土材料，适当加入引气剂或者塑化剂等，规避以往应力影响问题。如此一来，混凝土结构裂缝问题基本上可以有效缓解，为工程施工质量提供保障。

做好后续养护管理工作，确保公路桥梁主体建设安全。严格按照国家建筑部对于公路桥梁工程混凝土现场施工的指示要求，选取科学、合理的技术措施以及养护管理措施，防止混凝土结构裂缝问题的不断扩张。其中，关于混凝土结构的养护管理问题，建议负责人员可以在施工后的48h内，针对混凝土侧面结构实行拆除措施，并借助塑料薄膜实现覆盖处理过程，确保混凝土结构性能的合理性与延展效果。在此过程中，养护管理人员必须肩负起自身的管理重责，从多个方面针对现场混凝土结构质量问题进行深化研究与分析，以期可以为公路桥梁工程主体建设安全提供保障。

## 五、关于公路桥梁混凝土现场施工的相关建议

从事于混凝土施工的技术人员必须具备专业的资质能力才可以入场参与混凝土施工工作。对待混凝土结构裂缝问题，必须追溯根源，判断具体成因并生成相关方案加以解决。如果裂缝问题或者其他隐患问题过于严重时，可以适当调整现场技术方案进行合理处理，避免隐患问题的进一步扩大。另一方面，现场施工管理人员必须肩负起自身的工作重责，力求从多个方面加强对现场混凝土施工的管理水平。针对现场施工存在的质量问题必须予以及时解决，防止隐患问题的进一步扩大。通过联合驱动管理，公路桥梁混凝土现场施工质量势必可以达到预期效果。

总而言之，针对公路桥梁现场施工存在的混凝土结构裂缝问题，技术人员应该联合管理人员从多个方面进行强化管理与应用，以期可以规避现场施工质量隐患问题。重点针对混凝土施工常见施工裂缝问题以及具体成因进行研究与分析，在不断强化混凝土结构应用效果的同时，深化现场混凝土施工技术的应用质量。除此之外，技术人员应该立足于公路桥梁实况，制定科学、合理的混凝土施工技术方案，为现场施工提供质量保障。

## 第九节　公路桥梁设计和施工的注意事项

近年来，尽管公路桥梁设计水平有了很大的提升，而且能够更好地解决桥梁在设计及施工过程中存在的问题。但随着公路桥梁施工要求明显提高，要想保证桥梁运行安全性、可靠性明显提升，从而促进公路桥梁项目朝着更加长远的方向发展，设计人员就应做好各个阶段的设计工作，严格检查设计要点，不断优化设计结构，以便优化施工流程及施工方案。

公路桥梁路基路面破损严重。车辆在运行过程中，常常会发现刚刚修建好的公路桥梁过渡段的路基路面就已被严重损坏，而且路面破裂非常严重，这对人们日常出行会产生很大影响。但是路基属于公路主体工程与路面的基础，直接贯穿整个公路的全线，和公路隧

道、桥梁相互连接，而且它和路面一同承受行车荷载作用。公路桥梁路基路面施工质量对公路桥梁的质量及使用寿命会产生直接影响。假若路基不够牢固，那么所承载物就会伴发各种问题，这是因为施工人员在实际施工中，仅仅关注路面是否平整，而忽视了路基是否夯实，并且大多数公路桥梁的施工材料配比、温度改变、收缩性等，很难达到标准的技术要求。与此同时，温度改变也易引起材料膨胀、收缩、裂缝等方面的问题，对公路桥梁路基路面会造成严重损坏。

公路桥梁的耐久性较差。一直以来，公路桥梁所起到的作用就是对交通方面的承载，即从交通方面作进一步分析，在公路桥梁使用会产生很大的影响，而后是环境对于公路桥梁运行时所产生的影响，以上因素对桥梁使用年限均会产生不同程度的影响，尤其是公路桥梁设计耐久性对使用寿命的影响最大。耐久性指的是一个公路桥梁当中针对载荷及其他影响因素的一种抵抗能力，特别是环境侵蚀、交通压力、自重等因素影响较大，因受到各种各样的原因导致桥梁公路中的结构发生细微损伤，均有可能会慢慢演化为更加严重的一种结构损伤，从而影响整个公路桥梁设计结构及施工质量。又或是由于公路桥梁设计与施工过程中，因设计人员的经验不足或是其他因素，这些很有可能因环境造成的细微损伤，就往往会被设计人员或是施工人员忽视，于长期施工、后期使用过程中，所引发的问题会慢慢扩大，且渐渐暴露出来，从而产生公路桥梁质量方面的问题。

公路桥梁设计和施工注意事项：

现阶段，在公路桥梁设计与施工中，具体的设计、施工项目还是依靠人力操作，但是整个设计、施工环节又较为复杂，这也就常常会致使施工人员在实地施工时，发生各种失误，使得设计、施工准确度明显降低，从而影响整个项目施工质量。又或是施工人员自身专业能力不足、设计人员的设计理念出现问题等，均会影响整个桥梁设计与施工。对此，施工单位需要对公路桥梁的设计和施工相关的注意事项重点关注，展开积极管理，具体表现在以下几方面：

公路桥梁过渡段路基路面施工注意事项。在公路桥梁过渡段的路基路面施工及建设过程中，时常会遇到软土地基，由于软土地基的承载能力非常差，容易发生伸缩缝以及路基沉降等现象。因此，在实际的公路桥梁过渡段施工过程中，一旦遇到软土地基方面的问题，施工人员就应该依据实际施工状况，来选择科学、合理、专业的施工方法、施工技术加固公路桥梁。加固公路桥梁过渡段路基路面的软土地基，可以更好地解决伸缩缝方面出现的问题，而且在实践过程当中，比较有效的软土地基的处理技术非常多，主要涉及：重压法、表层处理法、垂直排水固结法、换填法、其他软基处理施工技术等。施工单位在对公路桥梁的路基路面进行专业施工的时候，可以依据路面实际使用情况，不断地改善整个地基性能，从而提高地面承受能力，同时减少路基沉降，这样可能确保公路桥梁与路堤间产生的沉降差降到最低。并且，在处理一些软弱地基的时候，可以先改善整个路面地基功能来提升地基的荷载承受能力，把路堤与桥台之间的沉降差降到最低。除此之外，施工人员也可以在公路桥梁桥头处选用支撑连续板、轻质填料、桩板法等做相应的处理，从而加固整个桥梁过渡段路基路面的软土地基。

公路桥梁耐久性设计注意事项。公路桥梁设计过程中，最先要做好的就是结构设计，而后是对结构进行分析，最后才是设计构件、连接，但是大多数的道路桥梁设计人员在实际设计中，常常只局限在规范整个结构强度及安全性方面的需求，从而忽视了从结构自身性质、结构材料、结构维护、结构体系以及结构耐久性等方面的桥梁设计。从整个施工直至使用这一过程，经常会出现各种因素而影响桥梁结构可靠性及安全性。

比如，部分公路桥梁结构的整体性、延性较差，冗余性非常小，缺乏明确的计算图公式与受力路线，致使局部受力明显增大。部分混凝土的强度等级较低，而且保护层的厚度很小，钢筋直径较细、构件截面较薄等，以上因素对桥梁结构的耐久性均会有很大影响，从而使结构安全性受影响。而且，大部分的桥梁尽管能满足设计规范强度要求，但随着使用时间延长，桥梁的耐久性就会慢慢出现问题，从而影响桥梁使用年限，对此，如何进一步增强公路桥梁结构的耐久性是当前需要重点研究的一个问题，但是在具体的公路桥梁设计过程中，需要综合、全面的考虑整个桥梁结构构造、材料等方面的因素，从而采取安全、高效的措施增强桥梁结构的耐久性设计。

公路桥梁根据地勘资料进行设计与实地现场存在差异应注意事项。公路桥梁设计过程中，原始资料的收集极为重要。它包括现场定线和桥位方案，而地勘部门需根据桥位方案来定钻孔位。在地勘资料出来后，设计部门才根据地勘资料进行桥梁基础的设计与验算。但地勘不能对所有基础地质进行钻探，所以在施工单位单位基础挖到设计标高后，设计和地勘部门需对实地基础进行查看，确定是否可以下基或超深基础，增加嵌入等。这就是我们常说的设计后期服务的其中重要一项，另外后期服务还包括第一次工地列会的技术交底、桥梁重要结构施工方案的审查和现场指导、施工完成后的验收等。

公路桥梁施工的注意事项。公路桥梁在具体的使用、建造过程中，运行安全性和施工环境、施工条件、施工对象类别、施工构造、施工布局等因素有直接关系，因此，公路桥梁设计人员需要从新思想、新技术、新观点、新材料等方面，不断规范整个桥梁结构设计，确保所设计出的施工方案与施工要求相符，从而保证施工质量。因此，除了要做好对公路桥梁施工质量的安全、有效管理之前，施工单位也需要对桥梁的整体设计理念、具体结构体系、构造角度等方面展开专业设计，确保工程项目得以安全、顺利的施工，以从根本上提升整个公路桥梁设计及施工质量，从而延长桥梁使用年限。

综上所述，随着国内交通事业不断发展，在很大程度上推动着公路桥梁项目的进一步发展，因此，桥梁设计人员如何在充分满足公路桥梁结构需求的条件下，合理化、规范化、科学化的设计公路桥梁，已成为当前公路桥梁设计、施工的核心内容。通过以上分析当前公里桥梁设计要点及施工优化措施，对之后同行进行公路桥梁设计及施工可提供更加可靠的参考资料。

# 第八章　公路桥梁施工管理研究

## 第一节　公路桥梁施工的综合管理

结合公路桥梁施工综合管理要点，就如何提升施工综合管理水平提出相应对策，包括全面树立综合管理理念，强化质量、安全和人员管理等内容。结论证实，落实综合管理方法，能预防质量问题发生，提升结构稳固性与可靠性，使其更好承受行车荷载，有利于延长公路桥梁工程使用寿命。

当前，我国公路桥梁建设数量在不断增多。对满足车辆顺利通行需要，加强不同地区经济往来，促进经济社会发展具有重要作用。因此为提升公路桥梁施工质量，增强结构承载力与可靠性，使其更好的满足车辆通行需要，采取综合管理方法，加强公路桥梁施工管理是必要的。然而不能忽视的是，施工过程中由于材料质量缺陷，部分施工人员责任心不强，没有严格遵循工艺流程，导致公路桥梁容易出现质量问题，降低施工效果和工程建设效益，有必要采取改进方案。施工中要落实综合管理方法，有效预防质量和安全事故发生，使公路桥梁施工建设取得更好效果。

### 一、公路桥梁施工管理要点

施工管理是公路桥梁建设的重要内容。为保证施工效果，管理过程中要把握以下管理要点：

路基施工管理要点。路基施工的管理要点主要包括：确保路基处理方式合理、做好基底清理工作、按要求填筑混合料、分层填筑和碾压施工。其中，需重点加强碾压过程管理，选用大吨位压路机施工，加强初压、复压和终压质量控制，进而提升路基压实度，确保现场碾压作业顺利进行，预防沉陷、坑槽等问题发生，提升路基稳固性与可靠性。

路面施工管理要点。加强路面施工管理，提升路面压实度和平整度，确保结构外形美观，避免出现渗水漏水、裂缝等问题，提高行车舒适度；对路面施工所用材料应严格检测和验收，保证粗细集料、外加剂、钢筋、水泥等质量合格，不达标的材料不能将其运往公路桥梁施工现场；增强施工人员质量控制意识，加强每道工序管理，对施工现场材料、成品和半成品进行抽检，并及时修复质量缺陷；路面摊铺施工时，要采用人工和机械摊铺相结合方式并对混合料初平；严格加强标高管控，保证混合料厚度合理，质量满足要求；路面摊铺和碾压施工期间，要加强交通管制，防止发生质量问题，确保施工进度按时完成。

桥梁施工管理要点。组织经验丰富、技术水平高的人员开展桥梁工程设计，并加强施工全过程的质量管控。健全旁站施工监督管理制度，一旦发现质量问题，需要及时分析原因并组织施工人员研讨，有针对性地采取修复措施。加强模板施工质量管理，确保模板刚度和硬度合格，连接牢固，防止混凝土浇筑时出现渗漏现象。按要求搭设支架，保障模板、支架的稳固性与可靠性。

附属工程管理要点。加强护坡工程质量管控，综合采用混凝土施工技术、植树种草等多种方式加固边坡，避免雨水冲刷，预防安全事故发生。合理设置排水设施，应用边沟、截水沟、排水沟、排水管道等多种措施，将雨水顺利排出，防止积水现象的发生，保障桥梁施工质量。

## 二、公路桥梁施工的综合管理方法

为确保施工管理要点得以落实，在明确管理要点的前提下，还要采取以下管理方法：

管理之前做好准备工作。例如，制定公路桥梁施工标准、施工技术规范要求、施工管理制度等，更好地规范每道工序质量管理。建立完善的施工团队，激发施工人员主动性并形成合力，提升质量控制效果。加强工序管理和技术资料管理，促进公路桥梁施工效果提升。

健全施工综合管理制度。建立施工质量管理责任制，明确每个施工班组和工作人员职责。建立奖惩激励与考核机制，激发施工人员主动性，让他们严格按要求施工。建立施工图纸会审制度，组织工作人员认真审核查验，及时发现并改进不足，预防质量问题发生。建立技术交底制度，审核施工图纸科学性，详细记录技术交底内容，以加强施工技术和质量控制。建立工程设计变更和管理制度，确保设计变更符合要求。

重视质量检测和验收管理。为确保公路桥梁施工效果，每道工序完成后，需要认真开展质量检测和验收工作，合格后方允许进入下一道工序施工。对存在质量缺陷的环节应立即采取修复措施。

加强施工资料整理和档案管理。认真收集并整理施工资料，确保资料详细、全面。做好施工资料的归档管理工作并进行编号，方便资料查阅和使用，同时也为养护维修提供参考和借鉴。

## 三、提升公路桥梁施工综合管理水平的策略

树立综合管理理念。综合管理理念强调对公路桥梁施工各环节都加强管理，确保每道工序质量合格，其核心内容是"好的质量是生产出来的，不是检查出来的"。将综合管理理念贯彻落实到公路桥梁施工中，降低质量事故的发生概率，推动施工单位创新发展和效益提升，对确保公路桥梁施工效果具有重要意义。因此，有必要成立施工综合管理小组，

由管理人员、技术人员等组成联合检查小组，对项目工程开展监督检查，加强质量跟踪检测。要注重每道工序质量管理，严格落实每个施工班组的具体职责。注重施工人员管理，树立"下一道工序是顾客，努力提高本道工序质量"理念。从而提升公路桥梁施工效果，促进施工企业效益提升。

强化质量管理，预防质量事故。质量是公路桥梁施工的关键，对工程后续运行和作用发挥产生重要影响。因此，必须将质量控制摆在突出位置，综合采取有效方法加强质量管理。例如，从质量可靠、供货及时到位的供应商采购施工原材料，对施工原材料进行严格试验检测，确保粗细集料、外加剂、钢筋、水泥等材料合格，为提升工程质量奠定基础。加强施工现场调查，根据工程建设基本情况，制定完善的质量管理制度。严格落实质量管理制度与措施，推动公路桥梁施工质量管理制度化与规范化。注重质量检测和验收，对存在缺陷的工程采取修复措施，让公路桥梁施工取得更好效果。

注重安全管理，确保施工安全。安全责任重于泰山。然而在公路桥梁施工中，部分施工单位片面追求施工进度和工程质量，忽视施工安全管理从而导致安全事故发生，给工程建设带来不必要损失。为此，施工单位有必要健全安全管理制度，落实安全管理措施，从而树立良好的企业形象，避免因安全事故发生而给工程带来不利影响。同时，要加强施工现场安全管理和巡视，安排专门人员开展检查活动，及时排除安全隐患。一旦发现需立即采取预防措施，保障施工顺利进行。

注重人员管理，提高施工人员素质。施工人员是工程建设的直接参与者，其综合素质会对施工管理、工程质量产生重要影响。为此，要注重提高施工人员管理技能、职业素养和工作态度，为提升公路桥梁施工质量做好准备。注重施工人员培训，培训期间要重点讲解公路桥梁施工工艺流程、质量和安全管理要点、质量检测和验收需注意的问题，让施工人员熟悉工艺流程和管理要求。建立奖惩激励与考核机制，确保施工人员胜任公路桥梁施工需要，合格后才允许上岗。招聘施工人员时要做好筛选工作，剔除无从业资格，技术水平不高，管理意识不强的人员。要注重增强施工人员质量管理和安全管理的责任心，深化对技术创新、组织建设、工序标准和安全生产的认识，确保施工中严格落实施工技术要点，遵循管理规章制度。增强其责任心和奉献精神，为提升公路桥梁施工质量贡献力量。

综合管理在公路桥梁施工中占据重要地位，作为施工单位，应更新思想观念，全面树立综合管理理念，严格遵守各项管理制度与措施，加强工程管理。此外还要严格落实管理规章制度，提高管理人员的综合素质，加强公路桥梁施工全过程管理。从而预防质量缺陷发生，提升公路桥梁承载力，确保结构稳固可靠，使其更好满足车辆通行需要。

# 第二节　公路桥梁施工管理及质量控制

公路是我国交通路网的重要组成部分，公路桥梁施工对公路运输效率和安全有至关重要的影响。做好公路桥梁施工质量管控，对工程项目外在形象和车辆行驶安全有积极意义。以某公路桥梁施工项目实践为例，针对公路桥梁施工期间出现的质量问题做简要分析，以此为基础，制定相应的质量管理与控制方法，以期对公路桥梁施工有所指导和帮助。

目前，随着国内经济建设步伐逐步加快，交通运输业的发展与日俱进，取得了丰硕的建设成果。其中，公路桥梁是我国基础设施建设体系的重要组成部分，也是公路运输网络的重要节点，其施工质量对商品经济发展流通有直接影响。所以，在公路桥梁项目施工期间，应对质量管理控制的意义和重要性有充分认识，利用科学合理的质控管理方法规范施工行为，提高施工质量和路桥项目服务水平。

## 一、工程概况

某国道桥梁施工项目以连续性现浇箱梁结构为主，共包括 4 个跨度，第 1、4 跨长度约 22m，中间跨长度约 35m，桥面设计为双向 4 车道，车辆行驶速度不超过 110-120km/h。桥头填土高度约 10m，桥背填土压实度超过 98%。

施工过程中，该项目所取碎石土及砂土的透水性相对优异，板体性能良好，同时具有较低的压缩性、压实概率大，通过土工合成现代技术对材质进行了加筋处理。

## 二、公路桥梁施工质量问题

施工技术人员专业水平不高。对于路桥施工项目而言，其施工技术复杂、专业性极强，因此施工技术人员的专业技术水平和素质将会直接影响项目的施工质量。即便设计施工图纸科学、详细、精确，一些专业能力不足的施工人员也难以确保项目的施工质量。总体来看，施工技术人员的专业能力不足、技术水平偏低以如下表现为主：①一些施工技术人员的专业知识储备不足、理论水平偏低，施工过程中主观意识过强，经常有意无意地违背施工图纸标准。在监理人员开展施工现场技术监督与指导时也不予重视，部分施工程序组织安排不合理，可能存在质量隐患，严重影响了施工进度和工程质量。②部分施工技术人员长时间处于交通不便、环境恶劣的偏远地区，易出现怕苦怕累、抗压性低等问题。③部分施工技术人员存在眼高手低的问题，不重视施工技术的学习，专业能力不强，不利于施工质量的提升，甚至存在施工失误行为，容易引起质量和安全事故。

施工材料和工艺问题：

施工材料质量问题工程材料质量是公路桥梁施工项目质量控制的首要环节，部分采购人员为一己之私与购货商沆瀣一气，采购工程建设用材时存在以假换真、以次充好的行为，容易出现施工用材规格、类型及数量不符等问题，对工程施工进度和质量造成影响。其中，劣质水泥问题最常见，是公路桥梁施工质控管理中的危险点。

施工工艺问题主要表现在未严格遵循合同中规定的工艺流程进行施工，相关质量保证措施落实不到位，如路基土方填筑不合理、土方压实操作不到位、分层填筑衔接不佳等。

项目竣工验收问题。项目建设完工后，应开展竣工验收工作。只有顺利完成竣工验收、检验并确认合格后，工程项目才能投入运行。但部分验收部门在工程质量验收期间未严格遵循国家管理部门制定的质量验收标准，对初次验收中探查到的质量问题未及时跟进或整改后未开展二次验收，易存质量隐患，给公路桥梁项目的使用带来较大风险。

## 三、公路桥梁施工质量管理控制优化对策

重视人才团队建设，积极引入高水平管理人员。公路交通运行速度快，尤其是高速公路，一旦出现质量问题，就可能导致运行中断，所以前期质量控制对后期工程设施的运行有重要意义，也是公路桥梁交通顺利运行的保障。考虑到桥梁结构构造相对复杂，一般会涉及多项因素，同时具有较长的维修加固周期，施工工艺复杂，故对项目质量管理控制工作提出较严格的要求。总而言之，公路桥梁项目施工质量管控有赖于各管理人员的相互协作，而管理人员的专业素质也将直接影响项目运行与使用性能。因此，建设部门应充分关注施工项目质量管理团队的建设，加大资金投入，积极引入高水平管理人员，确保管理人员的能动性得到充分发挥，以提高路桥项目的施工管理质量。同时，应定期组织管理团队参加工作培训，以提高管理技能水平，使之以专业态度和高度责任感落实各项质量管理与控制措施，确保公路桥梁质量与运行安全。

除此之外，公路桥梁管理部门应将项目质量管理控制工程师资源进行合理分配，对其相关工作内容充分了解，如公路桥梁基本种类、主要结构、功能特点和路桥项目质量管理的具体内容、实际应用方法、后期评价标准、管理体系及路桥项目质量管理与控制体系的合理化应用等。

加强路基填方施工技术的质量管控。应根据不同填土高度选择相应的填土方法，但无论何种方法，填土施工前都应对原来的地面进行清理和挖除：①填土高度低于80cm时，应翻松路面浅表土层，翻松深度约30cm，将平整翻松后的土层压实，然后开始填筑作业；②填土高度超过80cm时，应对路堤路基面进行整平，碾压夯实后开展土方填筑作业。

一般情况下，土方填筑作业包括平整区、振压区和检测区等多个部分，施工作业期间，应按照不同区域的流水开始相关施工操作。提前检测松铺系数，然后通过平地机摊平土方，松铺厚度不超过30cm/层，路床顶层最末层压实厚度应不小于8cm。施工过程中应做好如下质控：①摊平土方时各层均应设置一定路拱，以免影响路基内排水；②填土宽度应不小于路基宽度，同时每侧超出数值应不小于50cm，土体边缘压实度也应满足相关要求；③

压实土方时第 1 遍不作振动处理，随后慢慢振动，力度由弱到强，每侧轮机在碾压时应有 0.4-0.5m 的重叠，以免碾压不均匀，此外，严禁出现压死或漏压等问题，碾压完成后根据规定检测频率评估碾压效果。

路基填方通常应采用分层填筑的方法，在确保基础稳固坚实的前提下开始其他施工程序。分层填筑作业时，首先压实路基下层，然后填筑上层。分段完成路基填方时，应按照不同浇筑方法实施相应的填筑控制策略。如果未能在同一时间内完成纵向临界地段部分交接位置的填筑，就应做好放坡处理，完成相同规格放坡作业的同时分层设置台阶。对于同时进行填筑的 2 个地段，必须精确控制衔接。其中，分层交叠式衔接的地段重叠搭界部分有效长度应不少于 2m。

此外，在填土作业时应注意测量土层含水量，精确检测填筑土质密度并作标记；精确控制路堤坡度和尺寸规格，每层压实作业完成后确保无缺坡现象。

施工材料与机械设备的质控管理。施工材料和机械设备是公路桥梁施工的基础，也是直接影响施工质量的关键因素。做好施工材料与机械设备的质控管理，有利于提高工程项目的整体质量。一旦施工材料及机械设备状况不符合施工质量要求，可能引发一系列质量问题，不仅难以补救，还会干扰施工进度，导致工期滞后。

目前，国内公路交通运输建设量大，各类施工材料和机械设备类型繁多且质量优劣不等，容易出现次品和假货，不良商家和项目采购人员为谋求个人利益以次充好会影响工程质量。所以，在采购各类工程用材与技术设备时，质量管理控制部门应严格筛选，对单位采购人员的采购行为予以有效监管，严禁偷工减料、以次充好。因上述行为导致工程质量问题者，应严厉处罚相关责任人，情节严重者可追究刑事责任。只有加强对施工机械设备和工程用材的质量管控，才能减少停工和返工现象。

项目竣工验收。在竣工验收阶段，质检与验收部门应严格遵循国家标准、行业标准，项目参建各方对路桥工程施工项目进行验收检验，首先应核查竣工项目施工记录、各项相关数据和各类工程用材，由专业技术人员组成验收团队现场检验项目施工成效并评估风险系数。验收过程中一旦出现质量问题，应立即责成施工方整改纠正，整改后严格按照流程开展二次验收工作。项目各分部、各分项指标经过检验确认合格后，应出具工程竣工检验报告文书，同时签订质量保修书。

在公路桥梁工程项目施工过程中，质量管理控制工作直接影响项目整体质量。就现阶段而言，国内建筑行业质量保证系统尚不够科学和完善，仍需不断的加强和优化。随着时代进步与科技发展，路桥施工技术、设备也推陈出新、不断升级，相信未来公路桥梁建设项目质量将不断提高，相应的质量管理控制工作也将持续完善，确保公路桥梁平稳、安全运行。

# 第三节　公路桥梁施工管理及其养护加固

首先探讨了公路桥梁施工管理及养护加固的作用，指出存在的问题并提出改进措施。结论证实，作为施工单位和施工养护人员，应该提高思想认识、把握技术要点、严格遵循规范要求施工。制定健全的施工管理制度，落实养护维修技术措施，对存在的质量缺陷及时养护和加固。从而顺利完成施工，预防质量问题发生，延长公路桥梁工程使用寿命，使其更为有效地发挥作用。

## 一、公路桥梁施工管理及养护加固的作用

施工管理及养护加固是公路桥梁工程建设的重要内容，受到施工单位普遍重视和关注，其重要作用表现在以下几点：

推动现场施工顺利进行。如果现场施工管理不到位，不仅难以调动施工人员主动性，同时还可能导致质量和安全事故发生，制约现场施工顺利进行。而作为施工单位，通过制定严格的制度与措施，加强施工现场管理，有利于合理安排施工机械设备、施工材料和施工人员，进而有步骤、有计划地开展现场施工，促进公路桥梁项目工程建设顺利进行。

实现对质量缺陷的及时处理。在完善的管理制度和养护加固措施支持下，能够激发施工人员主动性，让他们顺利开展项目施工，激发施工人员主动性。同时还有利于提高施工现场管理水平，有效预防质量和安全事故发生。对出现的质量缺陷，施工人员也能及时发现和处理，从而让公路桥梁工程处于良好性能和运行状态。

延长公路桥梁使用寿命。一旦出现质量和安全事故，不仅可能延误工期，还会降低结构承载力和综合性能，不利于提升公路桥梁工程使用寿命。作为施工单位，在工程建设中应该严格遵循管理规章制度，明确自身职责，有效提升管理工作水平。此外，对出现的质量缺陷，需要及时采取修复措施，提高养护加固水平。最终提高公路桥梁结构的稳定性与可靠性，有效满足车辆通行需要，延长公路桥梁使用寿命。

确保工程建设质量与效益。公路桥梁施工过程中，通过落实管理制度与措施，重视养护加固工作，能有效约束施工人员各项活动，推动现场施工顺利进行。同时还有利于预防质量和安全事故发生，降低不必要的损失，提高资金利用效率。在确保公路桥梁工程质量的前提下，还能够提升工程建设效益。

## 二、公路桥梁施工管理及养护加固的不足

虽然加强施工管理，落实养护加固措施的作用是不言而喻的。但目前在施工过程中，一些施工人员责任心不强，未能严格遵循工艺流程，再加上对养护加固的重视程度不够，

制约公路桥梁建设效益提升，存在的问题主要表现在以下几点。

公路桥梁施工管理的不足。例如，没有根据公路桥梁施工基本情况，制定完善的管理规章制度。施工管理人员责任没有明确，未能建立并严格执行管理责任制。此外，一些管理人员不注重加强自身学习，管理培训制度不健全，不利于提高自身综合素质。一些单位的施工管理制度难以有效适应公路桥梁建设需要，制约工程质量和综合性能提升。

公路桥梁养护加固的不足。主要的问题表现为：基础工程、钢筋混凝土工程、过渡段维修加固存在不足，忽视加强施工现场巡视和检查，过渡段维修加固不足，难以及时处理和修复质量缺陷。此外，相关的养护加固制度没有严格落实，资金投入不足，施工人员综合技能偏低，没有根据养护加固需要有针对性地采取相应措施，制约养护加固综合效益提升。

## 三、公路桥梁施工管理及养护加固的措施

为有效提升施工管理及养护加固水平，确保公路桥梁建设质量和效益，预防质量缺陷发生，可以采取以下有效的措施。

### （一）公路桥梁施工管理的措施

在施工管理方面，为提升管理工作实效性，有效规范和约束公路桥梁现场施工，应该采取并落实以下有效措施：

（1）制定完善的管理规章制度。公路桥梁施工之前，应该做好施工现场基本情况的调查活动，详细了解工程建设要求和目的，然后制定完善的管理规章制度，推动公路桥梁施工管理制度化和规范化，有效约束和规范现场施工。要制定动态管理制度、定期检查制度、奖惩激励机制等。进而调动施工管理人员的热情，让他们有效融入管理活动当中。从而详细全面了解公路桥梁建设基本情况，实现对质量缺陷的有效预防，有效提升公路桥梁施工管理水平。

（2）建立施工管理责任制。为提升公路桥梁施工管理水平，建立并落实施工管理责任制是必要的。要加强施工管理队伍建设，明确每个管理人员的具体职责，让他们严格按要求开展项目工程建设。管理人员要明确自身职责，加强施工现场巡视和检查，严格按要求开展施工工程管理活动，努力提高工作水平。增进管理人员的相互协调与配合，相互形成合力，有效应对新情况和新问题，促进公路桥梁管理工作的实效性提升。

（3）提高管理人员综合素质。施工管理单位要注重优秀管理人员的引进，不断充实管理队伍，建立高素质的管理队伍，有效适应新情况和新需要。引进基础扎实、专业技能高、责任心强的桥梁施工管理队伍，提升管理队伍专业化水平。建立完善的管理培训机制，采用课堂授课、现场参观学习、学术讲座等形式，促进管理人员综合技能提升，从而有效适应新情况和新需要，努力提升公路桥梁管理水平。

（4）严格落实各项管理措施。整个公路桥梁施工过程中，应该严格遵守管理规章制

度与各项措施，全面落实管理制度，从而有效适应新情况和新需要。加强施工全过程管理，建立动态管理机制，及时修复质量缺陷，为公路桥梁工程建设顺利进行和工程质量提升奠定基础。

### （二）公路桥梁养护加固的措施

在加强施工管理的前提下，为及时修复质量缺陷，还应该采取有效的养护加固措施，对存在的质量问题及时修复，具体措施如下：

（1）基础养护加固措施。确保基础稳固可靠，这是促进公路桥梁有效发挥作用的前提。因此，必须提高思想认识，加强施工现场勘查，对公路桥梁基础工程有详细和全面了解，包括周围地形地质、水文条件等。要制定合理的加固方案，安排材料和机械设备入场，遵循工艺流程施工，修复基础工程存在的缺陷，确保公路桥梁基础稳固可靠。

（2）钢筋混凝土养护加固措施。确保钢筋质量合格，从可靠的厂家采购钢筋，严格按要求试验检测，保证钢筋质量合格。按要求在钢筋表面涂刷防护层，确保防护层厚度合理，防止钢筋锈蚀。重视公路桥梁钢筋工程巡视和检查，对出现锈蚀的钢筋立即修复，情况严重的需立即更换。加强混凝土浇筑、振捣和养护质量控制，及时修复裂缝、麻面、蜂窝等问题，提高公路桥梁混凝土施工效果。

（3）过渡段养护加固措施。提高对过渡段质量控制的认识，有针对性地采取加固维修方案，保障车辆安全顺利通行，有效预防桥头跳车现象发生。重视台背填筑质量控制，选择质量合格的填料，加强含水量控制，确保在最佳含水量状态下施工。为保证压实度，通常采用分层填筑和碾压施工的方式。合理设置排水设施，将雨水顺利排出，避免路桥过渡段出现积水现象。对过渡段的软土地基，应该采用换填法、排水固结法、预压法等进行处理，确保过渡段养护加固效果。

（4）对出现的裂缝及时修补。例如，当公路桥梁构件出现严重损坏现象时，需及时更换质量合格的构件。适当增加支撑结构，有效加固公路桥梁，使其更好承受行车荷载，提高公路桥梁的稳固性与可靠性。定期和不定期对公路桥梁巡视和检查，采用预应力法、灌浆法、涂抹法等对结构加固。对公路桥梁出现的裂缝问题，常用聚氨酯沥青材料、环氧沥青涂料、聚氨酯弹性体等处理，从而确保结构外形美观，增强公路桥梁的稳固性与可靠性。

整个公路桥梁工程建设中，采取有效措施，加强施工管理，对存在的问题及时养护加固是必要的。作为施工单位和施工养护人员，应该提高思想认识，把握技术要点，严格遵循规范要求施工。制定健全的施工管理制度，落实养护维修技术措施，对存在的质量缺陷及时养护和加固。从而顺利完成施工人员，预防质量问题发生，延长公路桥梁工程使用寿命，使其更为有效地发挥作用。

# 第四节　公路桥梁施工管理的要点与对策

随着社会经济发展，公路桥梁建设规模在不断扩大，必须非常重视。从目前情况来看，过程中会涉及各个环节，所以要进行有效管理才能保证质量。本节先介绍现状，再分析具体特点，最后提出对策，在不断完善中推动该项事业可持续发展。

公路桥梁工程具有投资大、周期长、复杂性等特点，要进行管理才能创建出稳定环境，保证在规定时间内完成任务。全面分析其中存在问题，采用科学手段改善，会更加具有针对性。立足于实际情况，制定一套完善的计划，有利于提高管理水平。

公路桥梁可以加强不同区域之间联系，创建出便利交通条件，让基础设施更加完善。针对施工管理而言，相比较于西方发达国家，仍然存在着较大差距，但是近几年获得了长足发展，在不断改进中走向成熟。新闻媒体经常报道公路桥梁安全事故，不仅造成经济损失，而且出现人员伤亡情况，给人们留下不好印象，根本原因是质量不过关。在施工过程中，管理方面存在着严重疏忽，对隐患没有及时消除，从而造成严重后果。在经济大发展的趋势下，公路桥梁建设会越来越多，为了保证达到国家规定的质量标准，必须发挥出管理的作用。

## 一、公路桥梁施工管理特点

内容多。首先是公路桥梁项目种类繁多，功能有着较大差异，所以管理时会面临复杂的情况。会投入大量人、机、料，不进行管理会出现混乱局面。其次是地理环境复杂，我国有着山地、平原、丘陵等不同地形，对于工程建设要求都不一样。同一种方法显然不符合实际情况，管理必须体现出针对性才可以，可以起到事半功倍的效果。最后是建设周期长，虽然提前已经制定好详细计划，但是受到不利因素影响，过程中会出现一些变动，需要调整管理策略才能很好应对。将复杂内容进行细化，可以管理得井井有条，朝着预期目标前进，有利于提高施工效率。

流动性强。我国西北地区比较落后，为了促进经济发展，需要加强公路桥梁建设，才能加强和外界联系。由于建设项目地点不是固定的，人员会随着变化而流动，这给他们生活带来了极大的不便。例如，在偏僻的山区，各方面条件都不是很好，长此以往人员会感觉到枯燥无聊，导致工作热情普遍降低，直接影响到施工效率。更多的是想早点完成工程项目建设，对于很多事情处理不够细致，无形之中埋下了隐患，可能会造成严重后果。在竣工之后如果检测不达标需要修整或者拆除重建，增加了企业投入成本，降低了整体经济效益，可见人员流动性强势一个重要因素。

连续性较差。公路桥梁建设一般情况下需要经历几个月，甚至是几年的时间，过程中出现中断会对质量产生不利影响。最常见的就是人员调动，已经对项目负责了很长时间，但是由于工作需要必须调到其他地方。新来人员虽然具备较强专业素养，但对实际情况还是缺乏了解，管理中难免会出现失误，影响到工期的进程。先进技术可以解决施工中遇到的难题，有利于提升效率和质量，从而发挥出有效作用。在现代社会中，技术是处于不断改革升级之中的，所以施工需要重新引入技术。无法保证连续性，就会对工程质量带来不利影响，甚至会出现安全事故。

项目施工计划具有重要作用。公路桥梁都是户外作业，非常容易受到天气因素影响，例如遇到大雨、暴雪、闪电等天气的时候，就要停止施工，导致原先制定计划被打乱。为了有效应对这种情况，管理人员要学会用发展眼光去看待问题，对可能发生事情进行预测，这样才能真正地做到万无一失，大大减少不确定因素的影响。计划要体现出灵活性，根据实际情况做出适当调整，确保可以进行有效指导，完成预期制定的目标。例如，在夏季施工的时候，经常会遇到暴雨天气，要提前掌握相关情况，减少不必要的麻烦。完善计划对工程是非常重要的，直接决定了整体进度和质量水平。

## 二、公路桥梁施工管理存在问题

首先人员在现场勘察的时候，只是简单走走形式，并没有真正了解实际情况。

导致制定计划不完善，很难有效落实下去，影响到工期进程。其次人员受到金钱诱惑，为了给自己谋私利，降低成本将工程承包给不能不强的施工单位，这是不负责任的表现，可能会出现更多的问题。再次存在隐瞒的情况，导致实际花费不足，给监督管理工作造成严重阻力。最后在工程竣工之后就放置不管，忽视了养护工作的重要性，使得使用寿命缩短，很难发挥出有效作用。要认真分析问题出现原因，采用有效方法解决，在现有基础上实现完善，可以提高工程经济效益。

## 三、公路桥梁施工管理对策

### （一）做好安全工作

安全是一切工作的前提保障，可以创建出稳定环境，朝着预期目标前进。定期召开安全教育大会，对发生的事件进行分析，消除一切可能存在隐患，从而整顿内部纪律作风，让人员行为举止更加规范。在进入施工现场的时候，必须做好个人安全防护，可以避免对身体造成的伤害。横幅标语也是一种很好的形式，例如，安全第一、安全工作大于天、安全是根本保障，可以起到警示作用，不会出现违规操作的情况。工程建设需要大型机械设备，不仅可以提高效率，还能够减轻人员劳动强度，必须由专业人员来操作，禁止其他人员擅自操作发生意外事故。

### （二）解决混凝土裂缝问题

我国大部分桥梁都是混凝土钢筋结构，具有极高的强度和稳定性，可以承载更大的压力。在工程建设中，需要用到大量混凝土，为了确保达到质量标准，要根据实际需求进行配比。市场上材料类型繁多，在选择的时候不能一味地追求价格低，要考虑到是否满足工程要求？尽量选择社会信誉好和国家认证的产品，质量都是很有保障的，不会出现任何问题。在混凝土浇筑的时候，要控制好时间和温度，采用正确方法浇筑，这样后期才不会出现裂缝问题，防止影响到整体质量。后期要注重养护，不合格地方要及时处理，确保达到高质量水平。

### （三）提高人员素质

人员水平直接决定了施工管理效果的好坏，因此要具备较强专业素养才可以，解决实际中遇到的难题。对于在职人员要定期组织培训，学习最新理论和技能，不断优化自身知识结构，有利于提高管理工作水平。考虑到企业的长远发展，要面向全社会招聘人才，坚持择优录取原则，为内部注入新鲜血液，建立起一支高素质人才队伍，为施工管理提供有效保障。管理人员要足够认真负责，即使再小的问题都要妥善处理，不能只是简单应付而已，必须将效果落实下去。人员在工作时要加强相互之间联系，发挥出集体智慧的作用，汇聚成一股强大凝聚力。

### （四）建立健全制度

大部分企业主要目标是追求经济效益的最大化，忽视了制度建设的重要性，导致出现一系列问题。要对内容及时更新和补充，确保具有先进性，可以起到有效指导的作用。同时要增强制度权威性，人员要提高自觉遵守意识，创建出井井有条的秩序。现实情况是非常复杂的，所以制度要进行灵活调整，这样才能够积极应对，减少过程中存在的漏洞。建立起奖惩制度，对于表现好人员要给予精神和物质奖励，可以调动起人员参与积极性，对工作保持较高的热情。没有规矩不成方圆，制度对于公路桥梁工程项目建设而言是必不可少的，可以发挥出规范的作用。

### （五）重视材料管理

工程建设中会用到大量材料，从实际情况来看，现场经常是胡乱堆放，没有按照要求去做。不仅给施工增加麻烦，还可能会出现错用的情况，对于整体质量也会产生一定的影响。所以在购买材料的时候要按照具体要求去执行，包括尺寸、规格、性能等各方面都要达到标准。现场要进行抽样检查，对于不合格产品一律不予使用，做好源头上的质量控制。不同类型材料要堆放在规定位置上，这样使用起来会比较方便，可以节省大量时间，有利于提高施工效率。对于废料可以经过二次回收利用，从而实现资源最优化配置，不断地提升整体经济效益。

## （六）成本管理

工程包括大大小小的项目，要对成本进行管理，才能实现资金合理配置，发挥出最大的作用。如果没有有效控制，前期可能会投入过多资金，导致后期施工无法顺利开展，出现资金短缺的情况，无形之中降低了经济效益。在正式施工之前，要列出一个清单，包括不同环节的具体花费，让人员有一个清晰了解。即使过程中出现变动，只要适当做出调整就可以，避免过多的增加投入。不同工程项目需要资金是不一样的，所以要坚持具体问题具体分析的原则，这样会更加具有针对性，有利于实现科学合理配置，让有限成本发挥出最大的作用。

综上所述，公路桥梁施工管理要点与对策探究具有重要意义，可以大大提升水平。要认真分析问题存在原因，制定出有效应对策略，在现有基础上不断完善，推动我国公路桥梁建设更好的发展。

# 第五节　公路桥梁施工管理、养护及加固维修

公路桥梁施工管理、养护和加固维修的质量水平会影响公路桥梁施工项目建设的最终质量。换言之，公路桥梁工程建设中的关键部分是公路桥梁施工养护、管理以及加固维修。为了将公路桥梁工程施工管理、养护和加固维修的整体质量水平进行有效的提升，本节将其必要性作为切入点展开论述，使相关领域的工作人员明确该项工作的具体作用，然后进一步阐述施工管理、养护和后续加固维修的具体应用策略。

## 一、公路桥梁施工管理、养护及加固维修的必要性

公路桥梁施工管理和养护的必要性分析。首先，众所周知，公路桥梁工程施工具有要求大、施工周期长以及施工材料需求量大的基本特征，所以其施工过程中的安全隐患大幅度提升。而加强施工管理工作可以将安全隐患的发生率最大限度降低，有利于提升公路桥梁施工的安全性。

其次，不仅施工材料的质量会影响公路桥梁的施工进度和质量，施工人员以及施工设备等都与最终施工质量存在必然联系。如未能严格管理整个施工过程，那么施工材料不达标的情况会大幅度增长，施工设备应用不规范、未按照制度施工等情况会随之出现，公路桥梁的施工进度和最终施工质量受到严重制约。

最后，制定施工方案、监督施工过程、施工质量验收、工程养护等都属于公路桥梁施工管理和养护工作的关键内容，任何一个环节都直接影响公路桥梁工程的施工制度和最终质量。换言之，任何一个细微环节发生问题都会拖慢施工进度或者降低施工质量，因此十分有必要增强施工管理和养护，旨在确保施工进度和施工质量。

公路桥梁加固维修的必要性分析。首先，增强公路桥梁工程养护和加固维修，不仅有利于优化公路桥梁的使用性能，将公路桥梁的设定价值充分发挥，而且可推进公路桥梁建筑行业的有序发展，可进一步推动我国城市化建设进程和社会经济的发展。

其次，增强公路桥梁养护和加固维修于公路桥梁使用年限的延长有十分积极的意义。公路桥梁工程和其他建筑工程相比具有一定的特殊性，建筑工程的建设目的是为个人或者企业提供服务，但是公路桥梁的建设的目的绝非是为某个人或者某一部分人提供服务，其服务对象是我国全部公民。所以工程桥梁工程无论是使用年限还是建筑质量都高于一般类型的建筑工程，而有效的公路桥梁养护和加固维修措施不仅可使得安全隐患的发生率大幅度下降，而且有利于公路桥梁工程的使用年限的延长，因此需要给予其足够的重视。

## 二、公路桥梁工程施工管理和养护技术的应用

组建高水平的公路桥梁施工养护管理队伍。近些年来我国公路交通的发展受到社会经济的推动，无论是规模还是数量都呈现增长趋势，要想使其作用可以充分发挥必须加强组织管理工作。要想有序推进公路桥梁工程的管理和养护工作，必须严格依照辖区桥梁情况和养护里程组建相应的专业养护工程师小组，需要确保工程师工作性质的稳定性，严禁出现随意更换的情况。阶段养护队伍内各工作人员存在素质不等的状况，无法达成专业养护的目标，因此相关部门要提高重视，将公路桥梁养护工作的具体需求作为依据进行专业管理队伍和养护队伍的培养，进而最大限度地提升养护施工管理工作的综合水平。

完善桥梁档案资料。建设单位在公路桥梁竣工验收合格之后要向管理单位提供真实、完整的竣工材料，并且建设单位和管理单位的相关人员要将有关资料作为依据对桥梁进行检查。桥梁的原设计、变更设计、竣工图纸、隐蔽工程图和检测资料等是需要提供的竣工材料，需要严格按照相关规定检查桥梁，整理材料后将其入档保管。

确保常规检查工作的合格性。通常情况下所有公路桥梁都需要每月进行一次的常规检查，负责该项工作的人员可以是护桥人员，也可以是路段检查人员或者桥工班。此项工作的根本目的是对桥梁结构功能的良好与否进行确定，进而可以给予桥梁结构及时且精准的养护、维修或者加固处理，如检查发现有重要问题要及时上报。

巩固墩台。公路的墩台相当于整个公路的基础，墩台质量越稳，公路的承载能力也就越强。因此要稳定墩台的基础，不断地维护墩台的基础，同时尽量扩增墩台主体，保证墩台整体的稳定。

## 三、公路桥梁加固维修技术的具体应用策略

未对承载能力进行改变的维修策略。有大量数据表明水是侵蚀钢筋和混凝土过程中的主要介质。因此于新建造的结构来说需要通过增加混凝土的密实度来达成对混凝土结构耐久性进行提升的目的，进而预防并控制混凝土开裂的发生率，有效阻隔了水分的入侵。此

外，还可借助对混凝土保护层厚度进行增加的措施，达成降低保护层碳化来减少对钢筋钝化膜造成破坏的情况。于结构而言，在病害根源消除的基础上对裂缝进行封堵并对破损的混凝土进行修补是混凝土结构耐久性提升的首要措施，还可增加防水层来预防水分的入侵。公路桥梁维修工作的主要内容是保养、修缮危害到桥梁结构正常应用的地方，因公路桥梁的缺陷具有多样化的特征，所以需要将具体状况作为依据应用针对性的维修对策。

恢复、提升桥梁承载力的维修策略。通常情况下此种维修策略应用在发生过重大灾害或者是已经无法满足具体运输需求的旧桥维修中，对其承载能力进行恢复及提升，进而使其满足具体使用需求并一定程度提升使用年限。

地震损害桥梁的维修策略。当前阶段的技术水平依旧无法准确地预测地震发生的准确时间和强度，为了使得公路桥梁可在地震作用后继续使用需要在完善设计的基础上进行严谨施工，丰富的力学知识是该项工作推进的根本基础，当前阶段主要采用修补裂缝损伤的措施对其进行维修。

洪灾桥梁的维修策略。洪水对桥梁的损害一般都是冲刷为主，当前阶段我国主要将防撞钢板应用于河川墩柱上，用来帮助混凝土抵抗水石流的冲击力。一般会对以下几种保护方式进行应用：第一，如水流冲击对桥梁基础造成危害使可采用铅丝、柱子以及钢筋支撑的石笼护基，并相互连接石笼间的铅丝或者钢筋进行下沉。第二，如河床为细沙砾或者土质，可采用筑板桩围堰的方法，将沙砾或者石子填充在堰内，但要注意板桩面顶高要小于河床。第三，如河床不是特别稳定且基础埋置深度较浅，但是冲刷范围又相对较大时，要采用平面防护措施，将实际状况作为依据对其范围进行确定。

公路桥梁投资较大而且在建造过程中需要克服众多的困难，所以公路桥梁的加固维修养护工作非常重要。目前公路桥梁在施工管理养护中存在着问题，不过只要针对这些问题做好日常的维修、加大相关维修管理的投入、加固桥梁基础结构等等，就能够大大增加高速公路桥梁的使用效率，保证通过车辆的行驶安全，延长高速公路桥梁的使用寿命。

# 第九章 公路桥梁施工研究

## 第一节 提高公路桥梁的施工质量

如今，随着国家经济体制的不断改革和发展，道路建设也随着当代的社会发展过程逐渐进步，道路的发展又加速了桥梁工程的建设。在公路建设中，许多相关单位对项目早期阶段的总体质量进行监管，但对于之后产生的许多重要问题却非常容易忽略，在施工阶段没有建立一个科学、合理的操作程序，没有引起足够的重视，因而造成严重的质量问题。对于桥梁和涵洞的建设，必须要有一个高度的意识来确保解决整体控制问题的能力，而提高这些质量问题的解决方案是很重要的。

在未来道路发展建设的持续过程中，桥梁的建设一直处于重要的地位，桥梁和涵洞的建设决定了公路整体施工的质量，是确保公路能够成功建设的最重要的组成部分。在施工过程中，每增加一座桥梁，就多了一个建设工程，且该工程还具有操作比较复杂、不容易返工等一些区别于其他工程的主要特征。然而，由于公路建设的范围越来越大，也出现了许多以次充好的现象，有些严重的施工建设甚至已经影响到了正常的使用。桥梁和涵洞的施工质量管理将直接影响到公路道路建设工期的长短，直接关系到经济利益和社会价值。在外观上保证桥梁和涵洞美观的同时，施工质量也要保证好、控制好，确保不发生公路桥梁的施工质量问题。

### 一、公路桥梁施工中存在的问题

施工前期的准备不足。桥梁建设在公路建设中占据着非常重要的地位，是保证公路项目工程建设施工质量的核心问题。桥梁对于道路安全来说起着非常重要的贡献，扮演着重要的角色。但是，也正是因为公路桥梁的建设，导致产生的路面质量因素问题多而复杂，对于施工质量控制的把握非常困难。在桥梁道路建设期间，我们需要安排监管工程师对道路的建设进行适当的测试，根据所反馈出来的数据完成相应的测试过程，对于涉及填筑施工的数据部分要对结果进行反馈。对于施工项目团队来说，其所建设的工程平台应该确保达到国家建筑的规范和施工要求，在此基础上再进行一定的扩展和延伸，确保道路施工的所有方面都具有一定的数据监管。

路基平台的建设不够好。在公路建设施工的过程中，我们还必须确保每个路基平台后面都有相应的路拱，确保道路和桥梁都能够对雨水进行疏导，防止雨水发生沉积对路堤和桥梁质量产生一定的负面影响。当在山坡上进行路基填充的建设过程中，应该及时地制定措施进行开山、挖掘等山体作业，保证路基平台的建设质量。在建设中，也可以使用压路机对填充料进行压实处理，从而使路基具有非常稳定的基础构造。在进行路基填充操作的过程中，对于正在进行填充的路基平台部分的每一侧应该留出一定的宽度，以确保它可以大于所设计的路基宽度，为之后的施工作业保证施工宽度，保证路基两侧有足够的空间使得后期大型机械能够顺利地进入现场进行施工操作。

路堑平台的建设宽度不够规范。在路堑开挖的过程中，无论是采用机械作业还是人工作业，我们都要注意严格控制平台宽度的设计，保证平台建设的基本面积成型。如果由于技术上的错误导致施工超出了路基的整体轮廓，则必须将它们用同一种土壤进行填充弥补，并且还要按照原先规定的内容完成相关的工作任务，对后填土部分进行压实，保证相应的施工要求。如果建筑物不能满足相应的平整度要求，我们就应该找到一个更合适压实建筑材料的设备进行工作。由于在道路和桥梁施工过程中建筑结构较为复杂，因此需要充分考虑由于桥梁建设所带来的问题，主要包括桥梁大小的管理、建设项目后期的扩展以及对于管涵的双侧及其顶部、锥体斜坡和挡土墙等结构的建设，对其进行分层压实作业建设。同时，我们还必须做出对称的材料压实，施工过程中应尽可能地使用小型的振动压路机，而对于拱涵的顶部应采取使用轻型压路机的方案。

## 二、提高公路桥梁的施工质量的措施

加强桥梁工程的施工管理。在当前阶段的公路建设中，会出现大量的桥梁钢体结构。对于小型桥梁的建设来说，一般都在建设前期通过招标的形式将其分担给相应的承包商来负责管理，这种情况下就会产生一部分施工队在没有能力承接公路桥梁建设工作时却硬要去接受。而且许多建设单位的工作人员缺乏职业道德，在追求经济利益的同时非常冷漠，对于施工和质量流程的安全控制经常是偷工减料、玩忽职守、欺上瞒下，出现大量由于质量问题产生的建设危机，这对于我国巨大的市场发展来说是非常不利的。因此在进行公路桥梁施工前，必须选择具备能够保证施工质量和能力的团队来负责建设，对施工队伍的施工人员进行严格的审查，保证施工质量。

加强提高桥梁的基础质量要求。在进行桥梁基础施工的建设中，有关部门必须要严格执行标准设计图纸的规范，符合施工规范的尺寸要求。在开挖至设计标高之后，要及时地检查地质以及地面情况并做好检查记录，以确定是否符合设计要求。建筑公司确认之后，再进行建筑审查程序和审批手续的办理。在沉井接高时，每一个部分的中轴线都应该与第一部分的垂直轴重合。如果垂直轴是倾斜的，就应该尝试纠正这种情况。在沉井下沉到设计的高程时，就要必须检查基板是否符合设计的要求。如果有必要的话，还需要潜水工检查记录无误后进行封底，对于水下的混凝土封底工程一定要做到细致，必须确保无渗漏现象。

加强回填工程的质量控制。回填工程指的就是对桥梁的斜坡、挡土墙等部位进行土体的回填操作。回填工程主要适用于渗水性良好的土壤，要避免回填含杂草多，或处于多年冻土状态的土块、泥土和腐蚀之类的产品。在压实工作准备完毕后，对于土体回填操作必须要选择在接近最佳含水量要求的土壤中进行灌装作业，并对土壤进行分层压实操作。如果需要对支撑桥梁的水平底面上方进行填充操作，也需要将混凝土混合到一定的比例之后才能进行施工操作，具体的要求需要根据实际的使用情况来定。对于控制台背面的回填工程操作来说，就需要按照所设计的宽度进行填足，以避免工程完毕后再进行灌装处理，这样会增加不必要的难度。在进行拱桥台背的回填操作时，要在工程建设程序的操作配合下逐步来完成，保证桥梁两侧的压力和推力能够处于平衡状态。

总之，在现阶段的道路施工过程中，桥梁和涵洞施工建设得到了非常广泛的使用，而与此同时对于桥梁质量的要求也受到了社会的广泛关注。桥梁建筑的质量问题能够直接影响到所有施工的工期进度，要想做好公路桥梁建设的工程质量控制，就必须事先对建筑材料进行检查，充分发挥质量保证体系，确保质量控制工程的有效作用，保证施工的安全和标准。在桥梁施工的过程中随处可见因为追求美观而严重影响到结构的耐用性和安全性问题，所以加强道路桥梁建设的质量，就要加强管理在施工的各个阶段不同方面对于施工质量的要求，我们只有真正、有效地将控制管理应用到实际的项目建设中，才可以实现良好的目标。

## 第二节　公路桥梁施工中需要注意的问题

改革开放以来，我国社会各方面事业都取得了举世瞩目的成就。近年来，随着经济的发展和时代的进步，我国公路建设事业也获得了长足的发展，与此同时，道路桥梁的建设也获得突飞猛进的发展。本节将针对公路桥梁施工中要注意的问题进行分析探讨，旨在促进我国道路桥梁建设事业的发展与完善，成为我国社会主义现代化建设的有力保障。

在公路的施工建设中，桥梁建设是占有重要地位的，对于行车安全和方便做出了很大的贡献。另外，一个国家的公路桥梁建设也代表了一个国家的经济实力和技术实力，是一个国家综合国力的体现。而道路桥梁的安全性是建设中最为重要的问题，因此，解决好道路桥梁建设中一些问题是尤为重要的，不仅仅是我国综合国力的体现，更是人们工作、生活安全的有力保障。

## 一、混凝土外观质量应注意的问题

混凝土搅拌的质量和水泥的质量是影响混凝土外观质量的两个决定性条件。一旦出现质量不达标、质量低劣的原材料就会大大影响混凝土外观的质量，质量不过关的原材料存在砂率过大、砂石级配较差和水灰比的控制不好等问题，另外，混凝土搅拌的不充分也是影响混凝土外观质量的一个重要原因。混凝土的搅拌有严格的规定和技术指标，搅拌不充分会造成不均匀和不密实，而如果搅拌时间过长，又会导致模板漏浆和造成离析等问题，因此，在搅拌混凝土时，一定要严格按照相应的标准进行操作，避免不必要损失的发生。以上两点如果没有按照相应的要求去做，就会破坏构造整体的性能，也会减少构造的抗击打能力，从而减少构造的使用寿命。

## 二、施工队伍应该注意的问题

目前，我国社会主义现代化建设正在如火如荼地进行着，城市中有很多桥梁结构物，因此，对于一些小型的桥梁一般都是采取承包的形式进行划分施工。这种现状的实行就会造成一部分没有相应施工能力的施工队伍进入，这种施工队伍建造出来的道路桥梁都是存在很大安全隐患的。经过长期的实践和调查显示，对于这部分没有施工能力的施工队建造出来的建筑都是非常危险的。这部分施工队伍通常缺乏职业道德、安全意识薄弱、追求经济的利益同时不顾工程质量，对自身所承担的施工责任和职业道德都不重视，甚至会出现以次充好、偷工减料等现象，对国家和人民都造成了相当大损失，更是对人民的安全构成了威胁。这类施工队伍的施工属于粗放型施工，不考虑资源的节约以及合理利用，一味地靠成本的提升来完成工程。因此，在进行道路桥梁施工时，一定要选择那些具备施工资质、正规大型的施工队伍来进行建设，这样才能够确保工程的质量，保障国家财产不受损失，保证人民的安全。

## 三、施工基础和台身应该注意的问题

道路桥梁施工的基础和台身对其自身的功能以及使用年限都是有很大影响的。因此，可以在小型桥梁的基坑开始施工以后，认真核实检验其他地基原状的土质是否相同，另外，地基的承载能力也是必须要确定的因素之一，这样通过加强对基础的处理，可以防范出现基础不均匀的沉陷变形。这种工程的施工情况一般都很复杂，要根据实际情况进行适当的解决办法，在实际施工中，如果没有足够的地基，就一定要通过测算来确定安全基础换填的宽度和深度。总之，在施工过程当中，一定要慎之又慎，严格把控各项工序的执行，必须有效地预防由于地基承载力的不均匀而造成的基础不均匀沉陷，做到万无一失。

## 四、桩基的位移和沉降应该注意的问题

桥台和软基的处理因为没有充足预压的时间，沉降在前期没有完成，但是桥台和上部的结构已经建成，而软土下沉速度会超出桩基的下沉速度，所以，桩基会在偏压荷载的作用下产生很大的负摩擦力，因此，就会产生桩基滑移以及竖向的沉降，从而使道路桥梁产生安全隐患，在安全性方面直接造成威胁。因此，在道路桥梁的施工过程中，必须严格按照操作步骤规范施工。而如果施工是在特殊地区，例如，软土地区施工，则必须要等路基经过处理后才可以对道路桥梁施工，以保证施工的安全以及工程竣工后使用的安全。

近年来，随着我国经济的高速发展，道路桥梁的承载能力明显和经济发展的速度不相符了，因此，我国目前正在大力建设道路桥梁以适应经济的发展，而对于道路桥梁的施工更是建设工作的重中之重。道路桥梁不仅承担着经济建设的使命，也是保证我国人民出行安全的根本保障，因此，对道路桥梁施工过程中问题的解决是一项关乎国计民生的大事，解决好施工中存在的问题是当前我国政府工作中亟待解决的问题。虽然目道路桥梁建设中还有诸多问题存在，但相信，在我党的正确领导下，在全体施工人员的努力下，我国道路桥梁的建设一定会成为世界该领域中一颗璀璨的新星。

# 第三节　公路桥梁施工技术的重点

伴随着我国的交通运输数量的不断增加，对于我国交通运输业的发展也提出了新的机遇与挑战，公路桥梁施工工程技术的发展决定着我国的行车安全和交通的畅通。所以，为了更好地保障我国交通车辆的行车安全和重载行驶的要求，我们对公路桥梁施工技术的要点问题做出了新的要求，因此，本节就公路桥梁的施工要求做出了简要探讨和分析，并着重阐述了在当今新的发展形势下如何提高公路桥梁施工技术的措施和方法。

伴随着我国近几年的国民经济水平的不断提高和发展，我国的市场经济体制也是在不断地进步中逐步达到了完善。因为公路桥梁工程是我国社会经济发展过程中的基础行业之一，它的完善决定着我国的基础设施的重要建设的完成度，公路桥梁工程在我国的国民经济中发挥着极其重要的作用。因为公路桥梁施工技术是一项复杂的经济技术活动，包含着复杂的知识理论和及时应变的时世变换特点，受环境及自然灾害和人为的影响作用较大，长期得工作在户外，流动作业性质强和需要工作人员高度的配合性等要求。我国目前的公路桥梁工程也处于一个飞速发展的状态中，组成成分之一的公路桥梁施工技术也处于飞速发展状态，公路桥梁施工工程技术的地位越来越高，也就要求我们当今社会对于公路桥梁施工质量的要求也越来越高。

# 一、公路桥梁的施工技术特点

结构施工难度大、专业技术水平高、工艺复杂，需要的专业机械设备也较多，尤其对于施工人员的专业素质提出了更高层次的要求。同时，还需要建设单位、监理单位等参与单位的交流合作，从而促使施工方案最优化，确保工程项目在满足经济技术合理性原则的前提下如期完成。

工程涉及内容多、精度要求高。混凝土的外观关系到整个桥梁工程的质量，要确保混凝土的质量满足工程项目精度要求，就应考虑到混凝土钻孔桩的排渣、建材运输过程中的环境污染、施工噪声等问题，这一系列问题的存在都有可能影响公路桥梁工程施工项目的顺利开展。

# 二、公路桥梁施工技术出现的问题和原因

在公路桥梁使用的过程中，时常会出现桩基沉降、桥台裂缝等问题，其出现问题的原因大抵有 3 个：一是在公路桥梁的实际运营过程中，时常发生荷载；二是桥台和路基施工时连接技术上出现问题；三是在公路桥梁施工的过程中，工人没有按规定进行施工。

# 三、公路桥梁施工技术的改进措施

明确技术管理的职责，注重技术水平的提升：

以法治企，强化落实。建立和健全各级技术管理机构和技术责任制，明确各级人员的权、职、责。组织全体员工，特别是技术干部学习现行规范。尤其是对施工及验收规范的学习，明确施工中各个分项、分部施工技术要求、施工方法和质量标准等要求，并以此来组织施工、检查、评定和验收。学习先进的管理方法和管理经验，组织技术学习、技术培训、技术交流。不断地提高企业管理水平和员工技术业务素质，从而预见性地发现和处理问题，把技术和质量事故隐患消灭在萌芽之中，保证工程施工质量。

钢筋施工技术要点。在进行钢筋施工时，必须要做好施工准备。施工人员必须要根据设计图纸的要求，在施工现场进行一个较为深入地勘测，务必把施工现场的地质结构和土质成分弄清楚，选择并采购好适合施工使用的不同类型、不同规格的钢筋。与此同时，施工人员还必须要根据设计图纸的要求，对钢筋的位置和高度进行严格测量，并且对其位置有个大概的印象。

加强路桥过渡段施工技术管理。在路桥工程使用过程中，过渡段容易出现结构变形情况，出现桥头跳车等现象，因此路桥过渡段施工技术的管理具有重要意义。造成这种现象的原因主要是因为桥台桩基施工技术不规范。解决这一问题首先应该解决软土基问题，减少成桩后地基沉降现象的发生。针对这一点，首先应该选择合适的施工方法解决软土路基

不均匀沉降现象。在对施工技术进行管理时，一方面可以选择降低公路桥梁过渡段的台帽式桥台结构；另一方面还可以根据工程施工具体情况，将桥台段施工时间提前。

混凝土施工技术要点。混凝土施工技术在一个工程中处于一个十分重要的位置，对工程的质量有着重要的决定作用，而该技术要点的使用必须要按照不同的工程设计的变化而变化。具体而言，必须要做好以下几点：

使用M10的砂浆在台身模板与基底的接口堵漏，避免在振捣时出现砂浆崩漏的状况。

在拌料的过程中，必须要按照机械设备的操作做好，不但要严格控制好水灰比，还要按照规定控制好搅拌机。在保障施工人员人身安全的情况下，生产出质量上乘的混凝土。

在进行浇筑混凝土时，必须要分层振捣，确保混凝土的浇筑质量，避免发生离析的状况，也能避免混凝土溅到模板上。

振捣时使用的振动棒必须要符合桥梁台身的高度，确保混凝土能够得到更加均匀地搅拌。

综上所述，根据我国近几年的交通运输业的快速发展与相关要求，我国的交通运输数量及车辆的荷重量不断增加，这一发展不仅预示着我国人民生产生活水平的不断发展，也预示着我国的社会主义市场经济的不断完善和飞速进步。所以各种社会功能的完善要求我国人民对于当前公路桥梁施工工程技术的发展提出了越来越高的要求，同时，以公路桥梁施工工程质量的要求越来越突出，因为这一质量的完善标志着公路适应功能的完善，这是一个重要的标志。我们在探讨我国的公路桥梁施工工程技术的质量完善要求过程中，我们发现我国的公路桥梁质量要求与施工工艺包括一定的耐久性、美观性和行车安全性与舒适性等，我们公路桥梁施工工程的每一位人员都应该从每一个环节入手，争取做到每一个环节的完善，将结构物质中的粗制滥造现象削减，认真积极地做好每一个环节，保证工程施工质量，最大限度地保障我国的工路桥梁施工质量。

# 第四节　公路桥梁施工监理的初步探讨

在公路桥梁施工中，监理有着巨大的作用，充分发挥监理的监管职能，将监理工作贯穿于公路桥梁施工的全过程，可以保证公路桥梁工程在规定期限内按质按量地完成。本节就公路桥梁施工中的监理作了相关分析。

## 一、公路桥梁施工中监理的作用

公路桥梁作为公路工程建设的重要组成部分，在公路桥梁施工中，监理贯穿于桥梁施工的始末，在施工过程中起着决定性的作用。监理肩负着工程施工质量和安全监管工作，在公路桥梁施工中，由于桥梁施工工艺复杂、施工要求高，很容易出现质量和安全问题，而发挥监理的作用，可以保证公路桥梁施工质量和施工进度，避免施工过程中出现质量以及安全问题，从而确保公路桥梁能够在最短的期限内高质量地完成。

## 二、监理程序及工作内容

交接桩的监理工作程序。首先，监理人员必须根据施工设计图纸要求，对施工现场的交接桩的位置进行确认，确保交接桩导线和水准点位置与设计图纸相符；其次，对个路线导线进行复测，采用科学的计算方法，判断各桩点坐标值的精度，一旦发现问题，要监理人员立即做好记录工作，并要求相关部门进行重新测量。

控制测量监理程序。首先，监理人员要协同施工单位负责埋桩和测量工作，并计算桩位坐标，同时做好测量记录工作。其次，要对测量报告进行审核，保证计算无误，测量记录符合规范要求。再者，要做好水准点布设的监管，监理人员要对施工单位的全部测量记录进行符合，并现场复测核准无误后批准使用。

定位测量的监理内容。在定位测量前，施工单位要提高测量方案，监理工程师要对施工单位提交的测量方案进行审核，检查路线点位放样、基点应用控制网点以及基线桩点是否符合设计要求，一旦发现问题，要立即要求施工单位复测，从而避免误差积累。另外，测放和校核点位时，应当用不同的基点测量，从而保证测量结果的准确性。

质量和安全方面的监理。在公路桥梁施工中，质量和安全是施工管理的重要内容，同时也是监理人员的重要职责。因此，作为监理人员，要全面抓好质量和安全的监管工作，要提高自身的质量和安全管理意识和能力，要结合公路桥梁施工要求，采用技术措施、手段和监管，从而更好地避免施工质量和安全问题的发生。

## 三、公路桥梁施工中的监理

施工前的监理。在公路桥梁施工前，监理人员要仔细检查承包人的质量保证体系以及施工工艺流程，确保承包人质量保证体系健全、施工工艺流程规范、科学。同时，要对施工所用的设备进行检验，确保设备性能稳定。另外，监理人员应当与承包单位保持紧密联系，划分好各自的职责范围，明确分工，监理要强调技术要求，对施工方案进行抽查，从而确保公路桥梁工程施工顺利开展。

施工中的监理。施工阶段是公路桥梁的主要阶段，做好施工阶段的监理工作至关重要。首先，监理人员要对公路桥梁施工所用的原材料进行质量、性能检测，确保进场材料质量合格，性能过关，保证填料的干密度和最佳含水量符合标准，如混凝土材料，针对混凝土的水灰比，建筑监理可以将采用电阻率法对其进行试验，从而计算出混凝土的水灰比是否合理，一旦水灰比不合理，意味着混凝土质量不过关，因此，要拒绝使用这种混凝土。其次，要抓好施工现场的监管，对施工设计图纸进行审查，监理人员要亲临现场，监督施工，严格按照设计图纸要求来进行施工，同时落实质量检查机制，对施工每一道工序都仔细检查，直到检查合格后方可进行下一道工序。同时，监理人员在监管过程中要做好记录工作，并与施工单位开展例会探讨，从而更好地避免施工质量、安全问题的发生。

施工后的监理。在公路桥梁施工临近尾声的时候，监理人员要准备好相关施工资料，对公路桥梁的后续工程进行有效的监督，尤其是那些需要养护的工程，要督促施工单位安排专业人员做好养护工作，确保施工质量过关。

公路桥梁施工中，监理的作用十分重要，发挥监理的监管作用，是保证公路桥梁施工质量和施工监督的关键。因此，在公路桥梁施工中，应当将监理工作贯穿施工的始末，全面抓好施工过程中的监管，认真对待施工过程中的每一个环节，落实质量检查机制，从而保证施工质量过关。

# 第五节　高速公路桥梁施工技术及质量控制

高速公路是现代交通的重要方式，而桥梁又是高速公路建设中重要的环节。发现桥梁施工中存在的主要问题，提出有效的应对措施，才能提高我国高速公路桥梁的施工技术，促进我国交通事业的发展。

## 一、高速公路桥梁施工技术的简单分析

与一般公路相比，高速公路交通量与荷载强度大，存在环境恶劣，路段的损耗更多，因此对质量的要求更高。而今天，我们不仅要求公路的质量和性能满足使用需要，还希望其外观在确保实用性的基础上尽量符合大众的审美需求。由此可见，高速公路桥梁的建设技术要求颇高。

高速公路桥梁的铺装施工技术。在高速公路的桥梁建设过程中，当桥梁的内部结构施工完成后，将各种高质量高性能的建设材料按照正确的比例和顺序铺设到桥梁的表面。桥梁表面的路面铺装，能够从各个方面对桥梁进行加固和保护，铺设桥面用到的建设材料可能是不同种类的混凝土或者高分子聚合物等，待材料完全凝固硬化后，形成完整贴合的表面保护层，为交通工具提供平整防滑的行驶路面，同时起到坚固桥面并分布荷载的重要作用，并让桥梁表面看起来形状具体、颜色统一。除此之外，施工时可根据不同的环境和需求，选用不同疏水性能的铺设材料，给桥梁加上合适的防水层。桥面铺装过程中有许多需要注意的地方，比如①铺装前要确保基面干净湿润，铺装材料和厚度根据专业知识和经验确定，裸梁表面要有足够的粗糙度，铺装的精确度误差要控制在规定的范围内；②铺装后的桥面要满足交通需求的平整度，不得出现暴露在外的钢纤维，建筑混合物材料从出料到最后浇筑时间严格遵守规定要求；③在一些技术含量要求较高的作业中，应由专人操作，比如三棍轴整平机作业时轴前料位的控制，或者是摊铺拌合物时车辆的均匀卸料等。

高速公路桥梁的墩台施工技术。桥梁的墩台包括桥墩和桥台两个部分，墩台有重力式墩台和轻型墩台，墩台施工是桥梁施工的重要部分，是对高速公路整体施工技术的考验。桥台连接路堤与公路，同时起到支撑和挡土的作用，桥墩经过精确的计算，均匀的矗立在桥台下面，承受主要的重量。从目前的高速公路桥梁施工技术来看，墩台的施工主要以混凝土技术为核心。接下来我们以砼墩台施工技术为例进行分析：作为最常见的墩台施工工艺之一，砼墩台施工有两道主要工序，墩台模板的安装和砼浇筑。墩台模板的材料和设计要符合桥梁的性能要求，从强度和稳定性等各个方面满足使用的需要，还要求模板表面平整，焊接工艺成熟、拆装容易。安装前要对模板从质量尺寸等方面仔细检查，并试拼成功，安装时要位置要依照设计要求，安装过程稳固踏实，以免引起跑模。砼浇筑首先在墩台身浇筑混凝土，混凝土所需的各项材料在检查合格后方能投入使用，浇筑前要对模板、预留孔和保护层等进行确认，浇筑过程严格遵守专业要求；混凝土浇筑后还有一定的养护时间，在这段时间里，要按照养护指标对混凝土湿润度和养护水温度等进行监测和控制，覆盖物不能直接接触混凝土表面。最后拆除模板时，要防止碰撞或擦伤墩台身，并根据墩台不同情况和现场环境，对刚完成的工程采取适度保护措施。

## 二、我国高速公路桥梁施工现状分析

受到目前我国桥梁施工技术的限制等多种因素，可能会导致施工前对施工地勘测不够准确，桥梁设计不够科学，施工过程没有严格遵守相关规定，桥梁投入使用后实际损耗程度或使用超出原始预判等，都会导致桥梁出现不可估计的问题，引发交通安全事故。例如铺装混凝土的厚度不够，材料拌和比例或者方式时间错误，运输时间过长，暴露在空气中太久，铺装方式错误等，导致铺装过程状况频发，耗时长，铺装后混凝土与桥身结构粘接不牢，甚至在投入使用后短时间内就出现路面开裂或是在大荷载的重力下与地基剥离。下文结合我国高速公路桥梁施工现状，分析桥梁施工技术目前主要存在的几个问题。

桥头跳车。桥头跳车是我国公路包括高速公路目前存在的最普遍的问题，给人们的交通出行和公路养护带来了很多困扰。出现桥头跳车的原因主要有以下几个：①桥梁处在软土位置，土壤中含水量过大，土壤缝隙比较大，抗压性能弱，在大荷载下的作用下，地基变形，路面塌陷，且变形可能持续长达几十年，由于原本土质的局限性，即使施工符合要求，也可能出现桥头跳车的现象；②施工填充材料存在许多孔隙，而施工时大型压路机不能靠近施工现场，竣工前材料孔隙没有完全消除，在自身重力和承受的荷载下，填料压缩沉降，造成跳车；③施工质量不过关。材料质量不过关，施工一味地赶进度，前期地质考察不严谨，施工过程操作错误，排水措施没做好，填料没有压实等人为原因导致桥头跳车。

桥梁裂缝。裂缝是高速公路桥梁施工中非常容易出现的问题，这些裂缝不仅降低工程质量，影响交通安全，严重时甚至导致桥身坍塌。按照不同的形成原因，我们可以将裂缝分为结构性裂缝和非结构性裂缝。①结构性裂缝可能是设计中采用的桥梁结构在重力作用下出现的裂缝，当裂缝的尺寸处于设计规定的范围，那么这些裂缝就是安全的。假如裂缝超出了这个范围，那么就需要对工程做出重新调查和鉴定，采取可靠措施。也可能是施工导致的结构性裂缝，材料的使用或者施工的错误导致裂缝的出现。②非结构性裂缝出现的原因很多，比如混凝土的收缩和沉降，重力作用下混凝土的下沉或是水分的蒸发，都有可能导致裂缝产生。又如混凝土内部和表面的温差导致材料收缩不均，也会使混凝土表面产生裂缝。

受力不均。由于地理位置特殊，桥梁的设计施工比其他段的路面要求要高。而高速公路交通负担巨大，受力不均更有可能导致交通事故。比如，某段高速公路桥梁的设计采用了框架梁工程结构，但是建筑中框架结构受力不均，导致整体桥身稳定性底，出现高负荷风险。除此之外，引起桥梁受力不均的因素还有桥梁施工不当和桥身排水障碍等。

## 三、高速公路桥梁施工的质量控制措施

针对上文中提出的高速公路桥梁建设存在的几个问题，做出具体分析，提出相应的改善措施，提高我国桥梁建设技术，提高高速公路桥梁的性能和质量。

应对桥头跳车的施工策略：

①采用各种方法夯实软弱地基：换填法，将桥头的软土挖除，填入沙砾、碎石等硬度较大的材料，防止地基下沉；加固地基效果最明显的是粉喷装复合地基法，耗时较短但是花费较高。②如果施工不符合要求，即使设计和建设材料一流也不能排除桥头跳车的可能，因此严格把控施工过程是最根本的办法。合理安排施工进度，选用合适材料，并对每个施工步骤进行监测。

应对裂缝的施工策略：

①严格把控混凝土材料，拌和以及运输过程，对原材料进行抽样检查，施工过程遵照技术规范操作。②从温度上降低裂缝出现的概率，例如搅拌混凝土时冷却碎石以降低浇筑温度，在外界温度变化时使混凝土表面保持恒温状态等

应对受力不均的施工措施。要解决高速公路桥梁受力不均的问题，需要在建筑过程中严格遵循施工规定，明确导致受力不均的主要因素，提出具体的应对措施，切实运用到施工过程中。例如在桥墩施工时，确保钢筋和混凝土的材料质量和施工正确，防止桥身受力不均，使桥梁在投入使用后达到预期的受力平衡的效果。

随着现代高速公路的迅速发展，高速公路桥梁的施工技术和性能保障有着越来越高的要求。桥梁的设计和施工不仅要符合相关规定，还要根据实地情况做出相应调整。高速公路桥梁施工技术的不断发展和桥梁质量的稳步提高才能保证高速公路的交通安全，满足现代社会的交通需要。

# 第六节 公路桥梁台背回填施工技术及管理

针对公路桥梁台背回填施工技术的应用，采取实例分析的方法，做了简单的论述，提出了技术应用质量管理的策略和方法，共享给相关人员参考。从桥梁作业实际来说，做好台背回填施工技术应用全过程的质量把控，对保证整体工程的建设质量，有着重要的意义。现结合具体实践进行分析。

从公路工程通行情况来说，常见桥头跳车问题，影响着行车的安全。桥头跳车问题始终是困扰公路建设人员的难题，如何有效解决此问题已经成为技术人员研究的重点问题。经过实践发现，强化公路桥梁台背回填施工作业的把控，以材料和工艺等为主要控制对象，保证技术应用的质量，对解决上述问题，有着积极的作用，具有借鉴作用。

## 一、公路桥梁台背回填施工技术分析

从工程施工作业实际来说，必须要严格按照设计的图纸方案组织开展回填施工作业，做好材料的选择把控，同时同步开展台背回填作业以及锥坡填土作业。除此之外，要依据技术方案的范围和顺序操作，做好全面的把控。桥梁台背回填施工技术流程如下：①开展安装与施工作业前，组织开展桥台背填土作业。②梁式桥轻型桥台对称两侧填土作业。需要注意的是，设置支撑梁的轻型桥台，必须要在完成支撑安装以及浇筑作业后再开展回填作业。若为整体式箱涵通道，选择两侧对称位置组织回填作业，重点在柱两侧开展对称回填和平行回填。

## 二、公路桥梁台背回填施工技术的应用实例

案例概述。以某工程为例，其为扩建工程，桥梁施工路段为全封闭线路。次公路设计了双向四车道，桥梁部分的路基宽度参数为26m，设计行车速度为60km/h。此次扩建作业的开展，要求路基宽度经过扩建处理后达到34.5m；公路行车速度设计为60km/h；施工长度大约为9184.2m。现结合具体实践进行技术应用分析。

技术应用重难点。从此次施工作业的实际来说，面临着以下难点：①地质复杂。公路桥梁台背回填施工作业段，存在着软土地基。软土地基的孔隙比很大，具有含水量大以及压缩性高的基本特点，所以直接开展路基施工作业，极易受到附加应力的影响，最终造成桥梁构造物路基工程沉降问题，若情况严重会使得桥台和路基之间出现台阶，进而降低整体质量。②台背填料极易发生压缩。从路基过渡段实际来说，使用的台背填料，其材料不仅含水量高，而且孔隙很大。基于此，作业环节无法消除颗粒之间的空隙，受到路堤自重和车辆震动荷载等各类因素的综合影响，极易出现压缩变形问题。一般来说，填料的孔隙

率如果减少，那么压实度会增加，同时随着时间的增加，极易引发路基沉降问题。若想避免上述问题，需要做好全面的把控。

施工作业方案。从实际情况出发考虑到路基表面有着大量的淤泥质粉质黏土，极易受到雨水和地质等的影响，所以最终选择 CFG 桩 + 加筋砂垫层 + 搭板复合地基作业方案，全面保证作业的质量。此公路桥梁台背回填施工技术的应用要点如下：①开展作业时依据 C15 混合料配合比方法，选择石屑材料和碎石材料等制作桩基，同时对桩体试块开展为期 28d 的养护。桩体应用时强度要达到标准，即每立方的抗压强度大于 15MPa。②作业中选择 42S 级的普通硅酸盐水泥材料，准备袋装二级粉煤灰和三级粉煤灰，开展混凝土和桩体的制作。③开展桩基施工作业，严格按照《公路路基施工技术规范》（JTGF10-2006）要求执行，运用抽查桩数和检查施工记录以及取芯法等，组织质量检查工作。④做好碎石褥垫层的把控。处于原地面之上的桩顶，要制作厚度为 20cm 的褥垫层。制作的褥垫层，选择碎石材料。碎石材料的粒径大小把控在 8-20mm 范围内；碎石的最大粒径要小于 30mm。

台背填筑施工技术要点：

严格按照技术方案作业。对于路基过渡段的施工，此工程采用的是台背填筑作业方法，提高施工质量水平。选择小型作业设备，开展台墙碾压作业，运用联合分层作业方法，强化对材料的压实把控，保证公路桥梁台背回填施工作业的压实度，避免发生桥面跳车问题。需要注意的是，桥梁顶 50cm 内台背填土作业，选择轻型静载压路机开展压实作业。压实施工参数如下：①公路桥梁。上部的处理长度每侧要大于 3+0.3m；底部的处理长度要大于等于 3-4m。②涵洞。上部的处理长度每侧要大于 2+0.5m；底部的处理长度要大于等于 2-3m。

台背排水。从过渡段整体施工作业实际来说，若没有及时做好排水工作，那么很容易引发路基沉降问题，最终造成跳车事故。基于此，开展台背回填作业时，必须要合理应用排水技术，优选行之有效的路基排水作业方式，做好作业质量的把控。

# 三、公路桥梁台背回填施工技术的应用管控策略总结

实施责任制度。若想保证台背回填施工技术的应用效果，必须要做好全面的把控。在具体实践中实行责任制度，配置专人负责，严格按照制定的施工作业技术标准执行，做好材料和机械设备的应用把控，以免影响着技术的应用效果。这需要配置专业的监督管理工作人员和施工技术人员，明确其职责和工作内容，高质量落实台背回填施工技术组织工作，保证作业的有序开展。结合工程施工实际需求，配置适合的设备和材料。选择小型的夯实机和抽水机等，辅助填筑施工作业的开展，做好质量的严格把控。若填筑作业的质量不达标，那么必须要进行返工处理。

加大技术交流。若条件允许，有必要在开展桥梁台背回填施工作业前，组织开展施工

样板工程作业，同时举办技术交流会，为台背回填施工技术人员提供学习和交流的机会，提高其作业技术水平，并且明确台背回填施工技术参数，为后续工作的开展提供保障。对参与此次施工作业的技术人员，进行业务技能培训，使其能够发挥自身的力量，强化对作业质量的把控。组织相关管理人员深入到作业现场，进行回填作业质量的检查，最大程度上保证回填作业的质量。

做好施工工艺应用的把控：

（1）做好原材料的质量把控。结合工程使用的碎石和水泥等材料特点，实施质量把控措施。以粒径大小和材料类型等为检查内容，做好全面的检查和管理，保证使用的材料可以达到桥梁台背回填施工作业的要求。需要注意的是，做好混合料的含水量把控，若水量不达标则采取晾晒或者添水等方式进行调节。

（2）做好拌制环节的把控。对于使用的回填土，采取场外集中拌和作业方法，保证石灰土的均匀性。一般来说，经过拌和的混合料，其粒径必须要达到标准。若使用的材料，其为塑性很大的粘性土，那么最大粒径不可以超过15mm；若使用粗粒土，其粒径大小不可以超过37.5mm。通过精准计量，做好材料质量的严格把控。

（3）做好摊铺和碾压作业的把控。开展台背回填作业前，依据标高位置，精准计算填筑作业的面积，确定作业使用的材料使用量。在摊铺作业时，借助机械化设备，合理组织施工作业。对于机械设备无法达到的位置，使用挖掘机以及人工作业方法处理，确保作业的质量和效果。需要注意的是，要在桥台平衡并且对称的条件下作业。摊铺作业结束后进行检查，达到标准后组织开展压实作业。采取分层碾压的作业方法，进行压实作业，保证压实作业的效果，避免发生质量问题。

综上所述，公路桥梁台背回填施工技术的应用，能够保证作业的质量和效益，发挥着积极的作用。在具体应用中采取以下控制策略：实施责任制度；加大技术交流；做好施工工艺应用的把控。通过采取系列控制措施，实现对技术应用效果的有力把控。

# 第七节　公路路基与桥梁过度施工技术

桥头跳车问题在公路交通施工中由来已久，在施工创新中也是常见的实践项目，根据笔者多年实践，特别针对桥梁段桥头跳车问题的发生原因及改进措施进行探讨，提高桥梁过渡段的施工质量。

## 一、桥梁过渡段常见问题

桥头跳车是指在桥梁过渡段的重要节点工程施工中，由于路体跨越大，而且各个地方的公路桥体和路基硬度相差大，于是路基的顶部与桥相连处出现无法避免的变形下降，最后产生纵波，甚至产生台阶，使道路线形出现意外变化，每当车辆经过此处，感觉突然跃起或突然受到冲击。桥头跳车的危害很多，车上的人感受不到安全与舒适，车辆的保养和使用寿命更是人们担心的问题。不仅如此，还会产生连锁反应，相继加重桥体、路面各处的损坏程度，如此长时间反复作用，路面更会严重开裂。开裂路面会致使水分或杂物落到内部，无疑会加快加重损坏路体。如果公路的养护工作没有按时进行，台背可能会发生断裂、下沉和破损的情况。桥头跳车现象严重，从驾驶员体验角度看，车开慢了，公路的效能减低，车辆的养护成本高了。显而易见，在高速公路的施工过程中，要特别注意路桥过渡段的工程质量，因为这一部分对于整个工程运营来说，起到举足轻重的影响。

桥洞两边与桥洞施工物之间的部分叫路桥中接段，这部分的施工通常会因为不稳定致使路面下沉产生台阶，台阶超过某限定差值时，就会导致经过的车辆产生跳动。当然，同样斜坡对不同行车的影响不同，台阶高度限定值不是固定不变的量。此外，车辆载重、行速速度也与车辆颠簸程度相关，这种颠簸感的差异会使司机产生相应的判断，因此，高速公路出现较大台阶坡度是不被允许的。假设司机为了自身安全而低速行驶，势必会导致后面车辆行驶缓慢，从而影响整条公路的通行情况。

## 二、桥梁过渡段施工问题原因分析

夯实度不够。路基在汽车不断超限超载的压力下势必给公路造成重大压力，从而使公路下沉，出现车辆在行驶过程中的跳车。

路面变形引起的沉陷。为了使桥梁不产生沉陷，最好采取刚性结构，而路基的变形无法避免，只要控制在一定范围内即可，变形路面和刚性桥面的衔接处必然会存在一定程度的沉陷，要想将这个沉陷变化彻底消除，或者将变化降到最低，目前尚没有彻底解决方案，唯有求其次，加长原有过渡段，产生缓冲、减少影响。

过渡段与路基衔接度不够。过渡段和路基的衔接处至关重要，这主要是因为此处容易断裂或者发生路基下沉，这点要切实谨防。无论是施工空间狭窄所碍，还是施工人员自身疏忽，都会极其容易导致这个衔接处施工不当，这无疑需要工程管理人员给予高度重视，不仅要重视施工工艺，而且还牵涉到施工人员的施工态度。例如，台背填土最好与相邻路基同时施工。如果条件有限，无法同步进行施工，要逐层加宽形成台阶施工，一定不能够直上直下填筑台背填土。

路面结构与施工存在误差。路面结构层的施工也是有一定要求的。一般公路路面与桥面要同时施工，否则很有可能产生不相容或是误差，从而影响工程质量。

连接路段没有得到有效处理。通常情况下，需要对连接路段的伸缩缝处进行填料处理，填补厚实后立刻铺筑沥青，铺筑结束后挖空原先在缝里的全部填料，最后再对伸缩缝作相关施工。这种操作方式的注意事项有很多，例如，缝隙处填土量要够，且要压实，否则在沥青浇筑时就会影响伸缩缝，桥面和公路整体的不平整，严重影响整体建筑的使用质量，最终导致车辆在行驶过程中的不平稳。

## 三、路桥过渡段路面的施工技术

一般情况下，桥梁过渡段很容易出现路基基质差现象，而桥梁通道与桥梁路堤两端在衔接处如果处理不好就出现各种沉降问题。由于公路等级的不同而影响了设置，从而造成高低差异的台阶出现，导致在公路完工进入使用阶段后，车辆的运行速度不稳定。

在公路与桥梁的连接路段设置搭板。首先，搭板长度要合理，在规定范围内不能过长也不能过短，这样才能起到很好的作用，让路面的弯沉值产生渐变。其次，利用合理的设计实现刚性和柔性的有效过度。最后，桥梁在设计时通过对反向坡进行足够的预留。在桥与公路连接的地方再施工一个一定高度的搭板，在两者的连接处要高于设定的高度，这样才能使两者连接的地方呈现一个反向的坡度。当然，形成的坡度大小可以灵活处理，根据路桥之间的沉降差来设定。在同一层面结构及其高度的搭板可以防止下沉，这单纯从桥梁的角度来看是没错的。然而，选用的填充材料本身存在固结，项目在施工过程中也存在不严谨，最后采取整体加固的方法，使路面破损或者不平整导致的颠簸问题得到缓解。一方面需要对选取的施工用料都必须夯实，通过正确有效地夯实操作方法和工艺技术，最大程度上达到公路平整的要求；另一方面，公路基础需要选用土工材料，有助于公路情况的有效管控，这是解决公路和桥梁过渡段的重要选择。

软土路基处理方式。依照施工实际境况，可采用恰当方法处理地基，使其性能大幅改善。一般可采用方法有换土法、排水固结法、超载预压法等。如果方法得当，可以增加桥梁承重能力，减少下沉情况，自然能够防止错台出现。在具体的项目施工过程中，施工单位需要仔细谨慎地处理软土地基，因为公路地基施工有着非同寻常的作用，只要找到恰当的软土地基处理方法，可以解决一部分产生桥头跳车现象的问题。

排水问题。如果公路和桥梁的连接路段排水不畅，会造成水下渗入，导致路基不牢固，进而影响公路结构和公路平整。这样的路段要保证质量就需要埋设横向排水管或盲沟。公路路基用填土筑造的方法对横坡进行数值设定，加固黏土层后形成一个圆形拱，之后在施工好的圆形拱上挖掘出双向有坡度的水沟，使水可以顺利排出。具体的断面数据需要根据湿度、土层情况进行分析后设定。如果选用盲沟的方法，两者的设计方法和思路基本相同，不同的是盲沟不需要放置排水管道，只需要选用渗水性能较好的碎石，用土工布将盲沟的出口包扎起来并做一些必要处理，以防止被腐蚀。

桥梁过渡段地基的连接部分在施工过程中会面临较多问题，最终将影响公路的使用情况和使用寿命，解决这些问题是施工单位和技术部门研究的重点。本节结合施工实践，特别是针对桥梁过渡段桥头跳车问题的发生原因及改进措施进行探讨，以提高桥梁过渡段的施工质量。

# 第八节　软土地基公路桥梁的施工问题与处理方法

公路行业深厚软土的处理方法，多采用排水固结法为主。软土地基其特征为天然含水量大、空隙比大、地基承载力低、稳定性能差。软土地基最普遍的做法处理方法，主要包括换填法、预压法、排水固结法等。同时公路施工软土地基处理中换填法满足软基处理需要，有利于提高路基承载力，为公路工程施工创造条件，对确保工程质量也具有重要作用。

公路工程行业软土地基主要是淤泥和淤泥质土稳定性差，其特点是孔隙率高，压缩性大。不仅天然固结速度极慢，而且会产生不均匀沉降，使建筑物产生裂缝、倾斜、影响正常使用。软土地基由于含水量过大，软土地基稳定性较差，往往需要采用换填法、真空预压法、排水固结法等方法用于软土地基处理。随着我国施工能力和材料科学的进步，该方法得到了大范围的推广和应用，并取得了良好的效果。

## 一、公路工程施工中软土地基的特点

软土项目地一般为淤泥、淤泥质土、泥碳等地质。软土地基低渗透性等特点，在附加荷载作用下易产生公路地基变形，软土地基如果处理不好，路基层极易产生地面沉降，此外软土层还具有触变性和流变性等不良工程地质特征，在基坑开挖时易产生变形，影响边坡稳定性。

软土地基含水量大强度低，软土在我国分布很广，软土地基强度低稳定性，路基结构易于遭到破坏，强度随之削弱。公路软土地基通常是指含水量大、承载力低、压缩量高的软土地层，软土通常含水量高达 30%，由于强度低，含水量大，给公路工程施工带来巨大挑战，如果得不到有效处理，极易引发沉陷、裂缝等质量问题，降低工程质量，缩短公路工程使用寿命。

软土地基承载力强度低。软土的孔隙比较大，并且软土中往往含有大量微生物、腐殖质和可燃气体，因而压缩性高且难以达到稳定状态。同时，由于软土地基含水量大，往往导致软土地基承载力低、稳定性较差，容易导致裂缝、沉陷等质量问题发生，增大路基压实难度。这也给软土地基处理和碾压施工带来巨大挑战，必须采取有效处理措施。

软土地基抗剪强度能力差。软土地基抗剪能力差，增加施工难度。如果得不到有效处理，会制约公路工程整体质量提升。为破解这一难题，施工人员要根据现场具体情况，有针对性地采取控制措施，提高地基抗剪能力。进而增强路基稳定性与可靠性，使其有效满足工程施工需要，防止路基不稳定性现象发生。

## 二、公路软土地基问题的因素影响

软土地基的沉降，硬化和水土流失等问题，极其容易造成桥梁隧道的坍塌，给人们的人身安全带来巨大的危害。公路出现路面坍塌，主要以病害表现为主，即路侧边坡坍塌，病害主要是由于填方路基受雨水冲刷、地下水位升高浸泡、承受的车辆荷载加重或遇到其他地质灾害等出现了失稳所致。如果得不到及时和有效的处理，还会给公路工程建设带来危害。预防措施应在设计阶段就做好边坡土质的调查，并应通过计算确定是否需要设置挡土墙等措施。

道路出现大面积坍塌问题。由于软土地基承载力低，含水量大，加之受路面结构之外的因素影响，路面结构下部出现空洞或路侧发生滑移，导致下部结构对路面和车辆的支撑力不足而产生的、道路中间或路侧边坡出现大面积坍塌。如果得不到有效处理，不仅影响路面平整，还会制约后续工程施工顺利进行，影响公路工程建设要求路基稳固。

施工难、建设成本加大问题。在进行桥梁道路隧道的建设时，如果工程建设者没有使用合格的材料，很容易就会造成桥梁隧道的硬化，从而减小了桥梁的承载量。由于软土地基施工多用砂子、水泥、沥青材料等混合而成的混凝土，因为软土地基的不稳定性，加大施工难度，增加工程建设成本。如果施工人员忽视采取有效处理方法，没有严格遵循工艺流程施工，忽视了对存在的质量缺陷的及时修复。最终会降低公路工程质量，加大公路建设成本。

车辆运行安全通行受到影响问题。软土地基的不稳定性，公路和桥梁隧道的硬化，路面和桥梁的承载量从而减小。如果软土地基处理不到位，往往会影响车辆安全顺利通行。提升公路工程质量，满足车辆安全顺利通行需要，这是施工单位不可忽视的重要工作。作为公路工程施工单位，有必要加强施工现场勘查，详细了解公路工程建设基本情况。然后有针对性地采取软土地基处理方法，严格遵循工艺流程施工，把握质量控制要点。最终提高路基承载力，防止沉陷、裂缝等质量问题发生，满足车辆安全顺利通行需要。

## 三、提高公路软土地基的稳定性的方法

减少软土地基对道路桥梁隧道施工的影响，预防路面沉陷、裂缝等质量问题发生，采取有效的软土路基处理方法是必要的。主要预防措施：设计阶段应该对填方路段、特别是高填方路段做好工程地质调查，针对当地土质进行路基填筑土的材料设计，如果不满足设计要求的话，应更换填土或掺加固化剂等材料改善路基强度。高填方路段要做滑坡验算，要保证最不利季节时也无滑坡危险。做好排水设计，地下水位较高时，路面结构内部应设置排水结构层。路基边沟、截水沟等排水设施要设计合理，最大化保护路基。为实现对工程质量缺陷的有效控制，公路软土地基的处理方法包括以下几种类型。

### （一）换填法加固软土地基

软土地基对于桥梁道路设计的危害是巨大的，在公路工程软土路基处理中，道路施工人员应采取相应的技术手段，增强路基稳定性与压缩性，进而减小软土地基带来的危害。浅层软土地基施工中，换填法是常见处理技，先采用天然沙砾换填，再用天然沙砾回填，提高路基强度。然后用施工机械设备和人工方式挖除软土部分分层压实，同时，对存在的质量缺陷及时修复和处理，减少沉降量，使换填符合要求，并进行碾压施工，确保路基承载力与可靠性，从而有效满足公路工程施工需要。

### （二）预压法加固软土地基

预压法在公路软土地基处理成孔操作之后，地基变得稳定可靠，更为坚固，固结效果更加突出。此外，要将充足的砂石、灰土等填料填入孔中，将其捣实形成比较大的桩体。进而产生横向挤压力，实现对软土地基的压实和处理。软土地基受横向压力作用后，土体密实度会进一步增强，同时还会提升整体的承受能力，实现对地基变形和沉降的有效预防。经过预压处理后，可以有效消除工后沉降，确保地基承载力，提高地基强度和稳定性，更好满足公路工程施工需要。

### （三）排水固结法加固软土地基

科学的排水固结技术有利于地基的抗压能力和承载能力的增强。要加强软土地基的稳定性，排水固结方法的应用也比较常见。在具体的施工过程中，操作方法是通过对软土地基需要承重的分析，在软土地基设置排水通道，根据现场施工情况的具体勘测，进行预压处理，将孔隙水排出，让软土地基固结沉降，同时，设计出适合的竖向排水体。在路基自重作用下实现预压，加速排水固结，提高路基承载力。在具体实施过程中，回填土。回填土的材料选择要具有一定的稳定性，能够承载一定的重量具备排水性能良好，通过提高软土地基的稳定性，让整个地基能够受力均匀，从而避免造成移位和沉降。

软土地基处理是公路工程施工的重要内容，如果不能够处理好软土地基稳定性，极容易出现工程质量问题，必须重视和关注。当然，作为工程设计人员，还要深入公路项目现场做好地质勘查，详细掌握公路工程现场基本情况，利用现代化的科学技术手段，设计出有针对性地软土地基处理方法，使软土地基处理稳定性增强。

## 第九节　公路桥梁工程桥梁软土地基施工处理方法

首先介绍了公路桥梁工程桥梁软土地基施工质量的主要因素，随后重点分析了桥梁软土地基施工处理的主要方法，如换填法、强夯法、抛石挤淤法、动力固结挤压密实技术。结论证实，作为公路桥梁工程施工环节的重点，桥梁软土地基施工处理的质量与水平能够直接决定公路桥梁的整体水平。通过采取有效的措施，能够提高公路桥梁工程以及桥梁软土地基的寿命和质量，进一步保障软土地基的施工水平，从而有效促进我国公路桥梁工程事业快速发展。

# 一、公路桥梁工程桥梁软土地基施工质量的主要因素

外部因素。通常情况下，外在因素包括环境因素、道路因素等内容。

由于土质条件会受到环境因素的影响而导致整个软土地基的水平受到影响，所以环境因素对于公路桥梁工程的质量具有决定性的作用，所以必须要针对土质质量进行判断，明确软土地基的坚硬程度。在施工过程中，施工单位必须要针对软土地基的土质情况进行深入勘测，并且要针对不同的软土地基情况采用不同的优化手段。例如，针对黏土地基的常用硬化手段就是利用压实技术进行处理。而如果针对砂土地质则应该采用振动压实的技术进行处理。通过有效的硬化措施，能够改变原土地基的土质结构，加强土质质量。不同的软土地基之间的结构差异非常大，在施工之前首先就必须针对软土地基的基本结构进行综合分析，通过这样的方式可以有效保障软土地基的处理效果。

道路自身的因素也是影响公路桥梁工程桥梁软土地基施工质量的重要原因。因为道路桥梁工程由于受到自身不规则的问题，所以必须要针对道路工程的整个设计方案进行优化分析。在公路施工过程中由于不同的道路性质对于道路施工工艺和施工方向具有决定作用，所以必须针对道路的性质全面分析软土地基处理方案。在开展软土地基施工的过程中，必须要针对设计方案的合理性进行充分判断与分析，加强对于施工过程的监察，避免出现施工顺序混乱的情况。同时也要针对道路自身的形状与特点进行针对性处理。例如，在不同道路等级的情况下，要选择不同的施工工艺，必须要严格针对道路勘察的实际结果进行判断，选择恰当的施工工艺。

内在因素。内在因素主要包括施工企业自身的专业素质不够，对于软土地基施工没有深刻的认识以及地质勘测不全面等方面的内容。由于是施工企业自身原因造成的，所以对于公路桥梁工程中桥梁软土地基处理的效果影响非常大。

首先由于我国大部分施工企业在软土地基施工过程中没有深刻认识到桥梁软土地基处理的重要作用，而且大部分企业为了自身的经济效益而忽视对于工程质量的全面管理，所以很容易导致桥梁软土地基施工处理水平受到影响。另外很多的施工企业为了追赶工期，很容易造成施工环节混乱，导致对于软土地基的处理不到位，造成整个工程质量受到影响。

其次由于我国目前施工管理体系开展不健全，所以在开展软土地基处理的过程中没有恰当的管理体系进行监督，也会进一步影响施工工作的顺利开展。尽管在勘察的过程中明确了软土地基的存在，但是也没有能够有效针对软土地基进行恰当的处理，没有制定软土地基的管理制度，所以造成桥梁施工受到影响。

最后因为我国目前地质勘测水平不高。由于施工单位在设计施工之前没有针对地质进

行全面勘测，很多施工企业为了自身利益考虑在软土地基施工的过程中没有严格按照相关的规章制度进行施工准备，所以导致地质勘查没有发挥出应有的作用。在勘测过程中出现了很大程度的偏差，导致实际的施工受到影响。另外由于地质勘测人员的专业素质不达标，无法针对地质勘测工作进行有效落实。或者地质勘测人员自身的职业道德素质不高，在勘查工作中没有严格履行职责导致勘测结果不准确。

这些因素都会给整个公路桥梁工程桥梁软土地基施工带来或多或少的影响，也给整个桥梁工程埋下了巨大隐患。

## 二、桥梁软土地基施工处理的主要方法

换填法。换填法就是将软土地基内部渗水性能较差以及固结性比较低的软土层利用透水性较好的土层进行替换，提高软土地基的承载力。

换填法能够直接改造之前的土层，所以可以更好地解决桥梁软土地基施工过程中出现的问题，并且进一步优化软土地基土层分布。在运用换填法处理软土地基的过程中可以选择性能比较稳定的水泥土、粗沙、灰土、沙壤土等土质进行替换。一般情况下在运用换填法的过程中由于花费的施工成本大、施工量巨大，所以很容易导致整个施工工程受到影响。在采用换填软土的过程中，应该要尽可能地减少土层深挖，并且要保证回填夯实的处理力度，这样才能够提高软土地质的承载能力，保障整个桥梁施工的质量。

强夯法。通常情况下，如果桥梁地基的边坡高度超过 20cm 左右或者属于陡坡路堤地段，可以采用强夯法。在采用强夯法之前，必须要针对实地情况进行考察并且要进行试夯，这样才能够选择最合适的施工参数和施工工艺，保证强夯质量。在第一次强夯过程中应该在 6-8m 的范围内进行开始，并且路堤每隔 6m 必须要强夯一次。在运用强夯法处理公路桥梁工程桥梁软土地基的过程中，应该尽可能选择黄土、砂土、黏土等软土地基，由于强夯法对于土质土层的要求非常高，所以必须要针对桥梁土质进行全面分析并有针对性判断。例如，如果饱和度比较高的土层则不应该采用强夯法进行强夯，如果饱和度相对较高的土质混入适当的砂土层，则能够顺利地进行强夯。在试夯的过程中，必须要重视每一次强夯的参数。通常情况下每一遍的夯击次数应该在 3-5 次左右。通常情况下夯锤的重量应该在 12t 左右，并且要保持 10m 的距离，对路堤进行强夯应该保证焊点按照正三角形的位置进行布置，在每次前行的过程中，落距应该在 1.5-3m 左右，并且单点应该保持在 1-3 级左右。

强夯法与换填法相比较来说，不仅施工成本较低，而且经济损耗比较高，对于设备要求也不高。同时，强夯法具有施工周期短的特点，所以在公路桥梁工程，桥梁软土地基施工中的应用非常普遍。

抛石挤淤法。如果公路桥梁工程桥梁软土地基在施工过程中，如遇到堰塘、河沟、水田等软土层地质条件，则必须要抛填大量的石块将淤泥挤出，然后将淤泥进行集中清运。通过运用重型压路机将石块碾压，能够保证水田河沟等残留的软土全部排出，提高软土地

基的承载能力，避免发生不均匀沉降的问题。

动力固结挤压密实技术。在运用动力固结挤压密实技术的过程中，由于施工范围比较大、地基比较浅，所以通过采用重锤进行夯实，可以增强软土地基的结构强度和渗透性，并且通过产生强大的冲击力与荷载力的震动，对于整个地基的土体进行破坏，保证土体中的水分能够自由排出。也可以通过运用人工排水的方式，进行由高向低排水，保证土体的水分降低，增强土壤颗粒程度，保证土体的稳定性。

通过利用水平向振动机械设备能够保证碎石桩对软土进行压实。在软土地基中形成空隙，利用夹碎料将空隙填满，保证软土的空隙减少，增强整个地基的承载能力。

通过对于公路桥梁工程，桥梁软土地基处理的方法进行分析，能够有效的提高公路桥梁工程，桥梁软土地基的寿命和质量，进一步保障软土地基的施工水平，从而促进我国公路桥梁工程事业快速发展。

# 参考文献

[1] 王立平, 魏现国, 王立英. 我国公路桥梁的现存问题及解决措施 [J]. 价值工程,2011,30（10）:90.

[2] 陈捷. 浅议如何加强工程施工技术管理 [J]. 中国高新技术企业，2009（6）:164-165.

[3] 张新和, 张皓, 陈阳. 浅析公路桥梁施工安全控制技术 [J]. 中小企业管理与科技（下旬刊）,2012（10）:134-135.

[4] 公路桥梁施工技术规范（JTG/T F50-2011）[S]. 人民交通出版社 ,2011.

[5] 公路工程质量检验评定标准（JTGF80/1-2004）[S].

[6] 杨文成. 浅析公路桥梁施工技术与管理 [J]. 城市建设理论研究 : 电子版 ,2013（21）.

[7] 王强 , 张方 . 注浆施工技术在公路桥梁路基加固及防渗工程中应用 [J]. 价值工程 ,2011,30（22）:90.

[8] 侯登峰. 公路桥梁路基加固及防渗工程中注浆施工技术 [J]. 山西建筑 ,2012,38（22）:218-219.

[9] 沈静. 灌注桩后注浆施工技术的应用 [J]. 湖南交通科技 ,2010,36（2）:114-116.

[10] 李方甫. 高速公路路基桥梁施工容易忽视的质量问题 [C]// 长治 - 晋城高速公路总结大会专辑 .2014.

[11] 李斯道. 公路桥梁施工中需注意的问题及解决措施 [J]. 市政桥梁工程科技创新 ,2003（5）.

[12] 吕兆锋. 公路桥梁养护与管理的技术措施 [J]. 民营科技 ,2015,（02）:102.

[13] 林艳. 农村公路桥梁工程的养护及管理问题 [J]. 科技展望 ,2015,（21）:35.

[14] 张之文. 浅谈公路桥梁养护与管理应采取的措施 [J]. 科技视界 ,2015,（22）:295.